Hobbes

Coleção **PASSO-A-PASSO**

CIÊNCIAS SOCIAIS PASSO-A-PASSO
Direção: Celso Castro

FILOSOFIA PASSO-A-PASSO
Direção: Denis L. Rosenfield

PSICANÁLISE PASSO-A-PASSO
Direção: Marco Antonio Coutinho Jorge

Ver lista de títulos no final do volume

Maria Isabel Limongi

Hobbes

ZAHAR

Jorge Zahar Editor Ltda.
rua Marquês de S. Vicente 99 – 1º | 22451-041 Rio de Janeiro, RJ
tel (21) 2529-4750 | fax (21) 2529-4787
editora@zahar.com.br | www.zahar.com.br

Capa: Sérgio Campante
Composição eletrônica: TopTextos Edições Gráficas Ltda

CIP-Brasil. Catalogação-na-fonte
Sindicato Nacional dos Editores de Livros, RJ.

Limongi, Maria Isabel
L714h Hobbes / Maria Isabel Limongi. — Rio de Janeiro: Zahar, 2002.
— (Filosofia passo-a-passo)

ISBN 978-85-7110-634-5

1. Hobes, Thomas, 1588-1679. 2. Filosofia inglesa. I. Título. II. Série.

CDD: 192
02-0105 CDU: 1 (420)

Sumário

Introdução

Thomas Hobbes é conhecido sobretudo por seu pensamento político, mais precisamente como o pai do conceito moderno de Estado. Pelo menos três idéias compõem este conceito tal como apresentado por Hobbes, permanecendo até hoje indissociáveis dele: a idéia de soberania, isto é, o Estado se constitui como um poder soberano, um poder acima do qual não há nenhum outro e ao qual todos os poderes (eclesiásticos, econômicos etc) se subordinam; a idéia de que o Estado tem por fim regulamentar a vida econômica, isto é, garantir a indústria, o comércio e todos os ingredientes de uma vida materialmente satisfeita; e a idéia de que o Estado é representativo, isto é, que seus atos representam a vontade de seus cidadãos e se fazem em nome dela.

Da noção de soberania, Hobbes não é o inventor; ela já aparecia na obra de Jean Bodin. Tampouco é o pai da idéia de que a política existe fundamentalmente como meio de regulamentar os intercâmbios sociais de modo a garantir a prosperidade econômica, o que já está presente em Maquiavel. Em contrapartida, Hobbes é o criador da idéia de representação política, e podemos acompanhar a elaboração dessa noção ao longo da evolução de seu pensamento político, de 1640 nos *Elementos da lei* a 1651 no *Leviatã*, quando essa idéia fundamental do pensamento político moderno aparece pela primeira vez em sua obra. Seja como for, quando se diz que Hobbes é o pai do conceito de Estado moderno não se quer dizer com isso que teria inventado todos os elementos que compõem tal noção. A importância de Hobbes está sobretudo em ter reunido em torno do conceito de Estado os traços que em sua época começavam a apontar para uma nova concepção da política.

Hobbes é também bastante conhecido por sua visão negativa do homem, estando sua imagem associada para nós à máxima *homo lupus hominis*, o homem é o lobo do homem. É a partir dessa idéia que geralmente compreendemos o núcleo de seu pensamento político, que em sua versão banalizada poderíamos resumir da seguinte forma: sendo os homens maus por natureza e naturalmente inimigos uns dos outros, nenhuma associação ou aliança entre eles seria possível, não fosse a intervenção de um poder absoluto, coercitivo e punitivo que, vindo a conter o egoísmo inerente à natureza humana, viabilizaria a paz entre os homens. Se a coerção do Estado precisa ser permanente, se não é possível sonhar com o fim do Estado, é porque, segundo Hobbes, a natureza humana seria invariável; nenhum progresso moral, nenhum processo pedagógico seriam capazes de superar o desregramento das paixões humanas, a não ser a coerção e o medo da espada soberana.

Desde muito cedo, já na passagem do século XVII para o século XVIII, o hobbesianismo foi associado ao pessimismo antropológico. Daí que muitos daqueles que quiseram negar os princípios da política hobbesiana entenderam ser necessário negar sua antropologia. É o caso de Rousseau. Se for possível mostrar — raciocina ele — que o homem não é o lobo do homem e pintar a condição natural do homem em tons mais amenos, então cai por terra a idéia de que a única maneira de viabilizar a paz é a submissão de nossas vontades por meio da coerção à vontade soberana do Estado.

Contemporaneamente, podemos ainda observar estratégias semelhantes à de Rousseau sendo mobilizadas para relativizar os princípios da política de Hobbes. Assim, C.B. Macpherson, lendo Hobbes a partir de Marx, pensa ser possível reduzir a verdade do hobbesianismo a um período historicamente datado, no qual, sendo o capitalismo um sistema de produção apenas iniciado, com os meios de produção ainda incapazes de assegurar uma vida materialmente satisfatória ao conjunto da humanidade, os homens se comportavam, e não podia ser de outro modo, tal como Hobbes os descreveu, ou seja, de maneira a assegurar para si, em detrimento dos outros, as condições de sua subsistência. Porém, uma vez superado esse período, com o capitalismo ingressando num estágio mais avançado e o sistema de produção sendo capaz de garantir a subsistência de todos, a política de Hobbes deixaria, segundo Macpherson, de ser necessária. O homem não tem mais por que ser o lobo do homem, e o Estado não tem mais que se caracterizar como uma instância de coerção. Assim, Hobbes estaria certo, segundo as leituras de Rousseau e Macpherson, apenas enquanto tivermos motivos antropológicos ou históricos para descrever o homem como ele descreveu.

É por essas e outras interpretações consagradas da obra política de Hobbes que estamos acostumados a pensá-lo sobretudo como um "realista". Hobbes ficou para nós como alguém que viu a natureza humana tal como ela é, tendo justificado a partir de seu diagnóstico negativo da natureza humana a necessidade de um poder coercitivo capaz de forçar os homens à obediência das leis necessárias a uma convivência pacífica. Nisso residiria também a modernidade da política de Hobbes: a política tem um campo próprio, diferente da moral; cabe a ela regular coercitivamente (ou seja, a partir de um meio que não é ele mesmo de natureza moral) os conflitos dos interesses particulares. Para isso existe o Estado e, na medida em que pensarmos estes conflitos como mais ou menos superáveis, o Estado e seu poder se fazem mais ou menos impositivos.

Essa versão da teoria política de Hobbes é tão divulgada que estaríamos praticamente dispensados de apresentar o seu pensamento se quiséssemos apenas reiterá-la. O que nos propomos fazer, no entanto, é outra coisa. Trata-se de introduzir a filosofia de Hobbes e, mais precisamente, nela situar a parte que, não sem razão, o consagrou como um clássico: seu pensamento político. Trata-se ainda de, no interior deste pensamento, compreender o argumento pelo qual ele se tornou mais conhecido: a justificação da necessidade do poder coercitivo do Estado. Mas gostaríamos de indicar que esse argumento é muito mais sofisticado e interessante do que costumamos supor a partir da imagem que a tradição nos deixou de Hobbes.

Hobbes não julga que o poder do Estado é apenas uma forma de coibir nossas paixões egoístas e nossa irremediável imoralidade. O Estado não tem apenas esta função negativa. Ele é também a condição sem a qual os homens não chegam a poder estabelecer entre si relações racionais. Ora, para compreender esta última afirmação, é preciso antes de mais nada compreender o que Hobbes entende por razão — o que nos conduzirá a outros recintos da filosofia hobbesiana que não estritamente os de seu pensamento político. Assim, o que nos propomos mostrar é o modo como a política hobbesiana se assenta sobre os princípios do racionalismo hobbesiano, ou, em que medida o Estado, para Hobbes, é racional. Para nos guiarmos nesse percurso, comecemos primeiramente por traçar um quadro da vida, da obra e das principais idéias de Hobbes.

Vida e obras principais

Thomas Hobbes nasceu em 1588, em Westport, próximo a Malmesbury, Inglaterra. Entre 1603 e 1608 estudou a física e a lógica aristotélica em Magdalen Hall, Oxford. Em1608, torna-se tutor de William II Cavendish (mais tarde o segundo conde de Devonshire), com quem, em 1608, se inscreveu na Universidade de Cambridge.

Por volta de 1620, trabalhou com Francis Bacon como secretário e o auxiliou na tradução latina de seus *Ensaios*. Cavendish morreu em 1628, ano em que Hobbes terminou sua tradução da *Guerra do Peloponeso*, de Tucídides. Em seus versos autobiográficos, Hobbes associa a importância do livro à demonstração das fraquezas da democracia ateniense, subvertida pela ambição de políticos demagogos.

Em 1628, como preceptor do filho de Sir Gervase Clifton, Hobbes viaja para França e Suíça. Em seus versos autobiográficos, assim como na biografia escrita por seu amigo Aubrey, consta que durante esta viagem foi atraído pelo método demonstrativo de Euclides, o que teria significado uma reviravolta em sua história intelectual.

Hobbes voltou a trabalhar para os condes de Devonshire, em 1631, como preceptor do filho de seu antigo aluno. Junto com ele, para fins didáticos, traduziu para o latim a *Retórica* de Aristóteles, livro que exerceu grande influência sobre ele na elaboração de sua teoria das paixões. Entre 1634 e 1636 fez uma nova viagem ao continente, durante a qual visitou Galileu.

Em 1640, Hobbes redigiu os *Elementos da lei*, primeira versão de sua teoria política, em inglês, que circulou em manuscrito. Voltou a Paris, refugiado de seu país na iminência de uma guerra civil, onde iria permanecer 11 anos, entrando para o círculo de amigos de Mersenne e Gassendi. Provavelmente também nesse ano completou um tratado ótico, conhecido como a *Ótica latina MS*, no qual critica diversos pontos da *Dióptrica* de Descartes. Ainda em 1640 escreveu, a pedido de Mersenne, as *Terceiras objeções às meditações metafísicas*, do mesmo Descartes.

Em 1642, ano em que se deflagrou a guerra civil inglesa, Hobbes publica a primeira edição de *Do cidadão*, em latim, segunda versão da teoria política pela qual se consagrou como pensador político. Entre 1642 e 1643 redigiu a *Crítica do* De mundo *de Thomas White*, onde discute questões relativas ao movimento e à matéria (obra que permaneceu inédita até 1973). Em 1644, escreve um tratado ótico, conhecido como o *Tractatus opticus I*. Em 1645 ou 46, compôs um tratado ótico em inglês, conhecido como a *Ótica inglesa*, e tornou-se tutor do jovem príncipe Charles, também refugiado na França, a quem ensinava matemática.

1651 é o ano em que Hobbes publicou o *Leviatã*, livro que lhe custou a perda do apoio dos realistas refugiados na França. Em virtude disso, retornou no ano seguinte à Inglaterra, instalando-se em Londres. Em 1654 é publicado, provavelmente à revelia de Hobbes, o opúsculo *Sobre a liberdade e a necessidade*, escrito em 1646 por ocasião de uma discussão acerca do livre-arbítrio com John Bramhall.

Em 1655, Hobbes publica o *De corpore (Do corpo)*, a primeira parte de seu sistema, compreendendo uma lógica e uma física, cujas primeiras versões remontam aos anos de 1645-6. Uma tradução inglesa da obra, revista por Hobbes, foi publicada no ano seguinte, quando também se publicaram as *Questões acerca da liberdade, necessidade e contingência*, contendo a polêmica entre Hobbes e Bramhall. Hobbes iniciou por essa época uma polêmica com John Wallis, em torno de questões matemáticas tais como a quadratura do círculo, polêmica que acabou por lhe custar a exclusão da recém fundada Royal Society.

Em 1658, Hobbes publica o *De homine (Do homem)*, a segunda parte de seu sistema, o qual, segundo ele, seria composto pelo *De corpore*, o *De homine* e o *De cive (Do cidadão)*. Em 1662, publica *Mr. Hobbes considerado em sua lealdade, religião, reputação e costumes*, trabalho autobiográfico em que se defende das acusações de ateísmo que se faziam contra ele. Em 1664, redige o *Diálogo entre um filósofo e um estudioso da Common Law* e, em 1666, o *Behemoth*, uma história da guerra civil inglesa. Ambas as obras serão publicadas apenas em 1680. Em 1666 publica uma versão latina do *Leviatã*.

Dedicou-se nos últimos anos de vida às traduções da *Ilíada* (1673) e da *Odisséia* (1676). Morreu em 1679, aos 91 anos de idade.

Idéias principais

Hobbes concebe, em acordo com o espírito do racionalismo do seu tempo, a filosofia como um sistema em que, partindo-se de noções fundamentais, se procede de maneira a derivar delas todas as demais noções que deverão compor o edifício do conhecimento. Para Hobbes, essas noções fundamentais são as noções de corpo e de movimento. A partir delas, ele construiu uma física, da qual derivou uma teoria da natureza humana (uma teoria da percepção, uma teoria das paixões e dos costumes), que por sua vez lhe serviu de base para sua teoria política. Daí o projeto hobbesiano de compor a filosofia em três partes: o *De corpore*, o *De homine* e o *De cive*. Devido às conturbações políticas por que passava a Inglaterra, porém, Hobbes entendeu ser importante começar o seu sistema pelo fim, escrevendo e publicando primeiramente o *De cive*.

A física de Hobbes — nisso também em sintonia com o seu tempo, com a nova física de Galileu, Descartes e Gassendi — é uma física mecanicista, ou seja, uma física que pretende explicar os fenômenos naturais reduzindo-os a relações entre corpos em movimento. Os corpos são a matéria sobre a qual o movimento incide, e o movimento é a causa de tudo o que se passa nos corpos. Assim, para explicar um evento como, por exemplo, a percepção, é preciso mostrar de que maneira ela se produz como uma determinação particular de um corpo — o corpo que percebe — a partir dos movimentos dos outros corpos que incidem sobre ele e que se apresentam como sua causa. Uma teoria da percepção e, mais precisamente, uma ótica, ou seja, uma teoria da percepção visual, foi o terreno no qual Hobbes elaborou os princípios de sua mecânica.

O que singulariza a mecânica hobbesiana é a radicalidade com que Hobbes defendeu a idéia de que o movimento é a única causa de tudo o que existe e que não há nada, a não ser o próprio movimento, que possa explicar as determinações do movimento, responsáveis por todas as mudanças ocorridas nos corpos. Daí as críticas de Hobbes à *Dióptrica* de Descartes. Hobbes discorda, entre outras coisas, da idéia cartesiana de que a direção de um movimento possa se explicar a partir de coordenadas estritamente espaciais. Para ele, a direção de um movimento, assim como todas as suas determinações, se explica pelas determinações dos movimentos que compõem o movimento que se quer explicar.

É esta idéia que Hobbes condensa na noção de *conatus* (esforço) — uma noção fundamental de sua física, posteriormente incorporada com alterações significativas, pelas filosofias de Espinosa e Leibniz, que nesse e em outros pontos sofreram uma importante influência de Hobbes. O *conatus* consiste, segundo Hobbes, em ínfimos movimentos imperceptíveis das partes internas de um corpo que explicam as determinações de todos os seus movimentos perceptíveis. Assim, o apetite é para Hobbes um *conatus*, ou seja, um movimento imperceptível de nosso corpo (cuja causa é o movimento dos outros corpos sobre o nosso corpo) que está na raiz de nossos movimentos perceptíveis, nossos movimentos voluntários, tais como andar, falar etc. Se quisermos explicar as determinações de um movimento, seja ele qual for, é para os pequenos movimentos de que ele é composto que devemos atentar.

A razão é, para Hobbes — assim como para Descartes e os outros racionalistas do século XVII, como Espinosa e Leibniz — uma ordem demonstrativa. Duas idéias, no entanto, singularizam o racionalismo hobbesiano. A idéia de que o princípio do conhecimento não é a própria razão, mas a imaginação e, no limite, os sentidos; e a idéia de que a razão é um artifício, ou seja, uma instituição humana, refletindo, desse modo, não o ordenamento das coisas mesmas, mas o ordenamento que os homens dão às coisas segundo suas necessidades.

A idéia de Hobbes é que a razão se instituiu no momento em que os homens inventaram a linguagem, impondo nomes aos conteúdos de sua imaginação, para melhor lembrá-los. Antes da invenção dos nomes, todo o conhecimento humano se reduzia ao que Hobbes denomina a *prudência* ou o *cálculo mental* — um tipo de conhecimento que os homens partilham com os animais e que se reduz basicamente à expectativa de que um evento se produza a partir da relação que ele mostrou ter na experiência passada com outros eventos.

É por termos observado que da percepção de uma nuvem carregada se segue normalmente a chuva que estamos preparados a levar conosco um guarda-chuva, sempre que observamos nuvens carregadas no céu antes de sair de casa. Mas esse conhecimento, meramente empírico, não é, segundo Hobbes, um conhecimento perfeito. Ele não é nem universal, nem necessário. Isto é: da percepção de uma relação constante entre a nuvem carregada e a chuva não podemos concluir que toda nuvem carregada engendre necessariamente a chuva. Desconhecemos o princípio desse engendramento e, por isso, permanece possível que um evento se produza sem o outro. Tudo o que temos é a expectativa de uma relação que a experiência mostrou ser constante, mas cuja razão desconhecemos.

Oferecer a razão de um evento equivale para Hobbes, como de um modo geral para os racionalistas do século XVII, a fornecer a sua gênese — o que passamos a poder fazer no momento em que, tendo sido instituída a linguagem, deixamos de calcular com imagens para calcular com nomes, quando definimos um termo e retiramos dessa definição as conseqüências que estão embutidas nela. Assim, se definimos a nuvem como gotículas de água suspensas no ar, podemos concluir que necessariamente um acúmulo dessas gotículas além de um certo limite produzirá a chuva. Nossa conclusão, nesse caso, independe do fato de termos observado uma relação constante entre nuvens carregadas e chuva. Se aceitamos a definição de nuvem, aceitamos ao mesmo tempo que ela engendra ou é a razão, a causa, da chuva.

Esse exemplo não é de Hobbes, que, não por acaso, no que diz respeito às operações da razão, prefere trabalhar com exemplos retirados da matemática e da política. Estas seriam, para ele, as ciências mais perfeitas justamente porque as definições de que partem são uma instituição puramente humana. Quando definimos um triângulo como uma figura de três lados e três ângulos não estamos preocupados em saber se existem triângulos na natureza tais como os definimos. O que nos importa é a perfeição da definição e as conseqüências que podemos extrair necessariamente dela — por exemplo, que a soma dos ângulos internos de um triângulo é igual a dois ângulos retos. Da mesma forma, quando definimos a justiça como o cumprimento de um contrato, tornamo-nos capazes de calcular o que é justo ou injusto a partir dos contratos voluntariamente empreendidos pelos homens e dos quais os homens são a única causa. O cálculo, nesse caso, independe totalmente do modo como os objetos se ordenam na nossa imaginação, podendo ser feito na estrita pureza da razão, como um cálculo de conseqüências de nomes. Adiante, iremos explorar o alcance desta idéia na teoria política de Hobbes.

Quanto às principais idéias políticas de Hobbes, deixemos para apresentá-las ao longo da exposição subseqüente, na qual iremos percorrê-las a fim de mostrar em que medida o Estado e seu poder se concebem como uma condição do estabelecimento de relações racionais entre os homens.

O estado de guerra e as paixões naturais dos homens

É bastante conhecida a idéia hobbesiana de que a condição natural do homem é uma condição de guerra de todos contra todos. Mas de onde Hobbes retira essa idéia? No que se baseia para fazer tal afirmação?

O estado de guerra é, nos termos de Hobbes, uma inferência que se pode fazer a partir das paixões humanas. Conhecemos as nossas próprias paixões observando-nos a nós mesmos. No entanto, do simples conhecimento de nossas paixões não podemos concluir que as paixões dos outros homens sejam iguais às nossas. Para tanto, seria preciso que pudéssemos conhecer os outros por dentro, tal como conhecemos a nós mesmos. Como isso não é possível, tudo o que podemos fazer é inferir, a partir do comportamento dos homens, quais podem ser as motivações que os levam a agir como agem e que possam explicar suas ações.

Mas isto só não basta. É preciso ainda comparar as ações dos outros homens com as nossas e discernir as circunstâncias que, por assim dizer, as enquadram e que, no limite, explicam por que os homens agem como agem. Em outros termos: para conhecermos as paixões humanas não cabe sondar os corações dos homens, suas intenções íntimas e secretas, que não nos são dadas a conhecer, e sim descobrir uma espécie de lógica do comportamento, o que faz com que em certas circunstâncias nos comportemos de uma determinada maneira. É preciso descobrir o que determina e explica nosso modo de agir. E, para isso, não basta dizer que uma certa paixão, como, por exemplo, o medo, está na raiz de uma ação, como a fuga; é preciso ainda compreender por que sentimos medo, observando em que circunstâncias o experimentamos. Aí, sim, teremos inferido um comportamento a partir das paixões; teremos compreendido a causa, a gênese ou a razão desse comportamento.

Portanto, para compreender o que são nossas paixões é preciso conhecer as circunstâncias que as determinam. Fugimos quando sentimos medo, e sentimos medo quando um objeto que percebemos como temível causa em nós esta percepção e, junto com ela, a paixão do medo. Do mesmo modo, agimos no sentido da guerra quando alguma coisa determina em nós certas paixões que estão no princípio de nosso comportamento belicoso. Para saber, portanto, por que a condição natural da humanidade é uma condição de guerra é preciso saber o que nos determina a experimentar certas paixões que, por sua vez, conduzem à guerra.

A circunstância que explica nossas paixões e nosso comportamento natural é, segundo Hobbes, a igualdade natural entre os homens. Porque os homens são naturalmente iguais, porque possuem as mesmas capacidades de corpo e de espírito, eles têm a esperança de poder conseguir para si o mesmo que os outros. Trata-se portanto de explicar uma paixão — a esperança — a partir de uma circunstância — a igualdade. E dessa paixão segue-se um determinado comportamento: sempre que os homens desejarem um objeto que não possa ser desfrutado em conjunto, eles se tornarão inimigos, disputando por tal objeto. Com isso, Hobbes não quer dizer que os homens estejam sempre efetivamente em disputa. O que ele quer dizer é que a inimizade e a disputa são comportamentos que se pode *razoavelmente* esperar dos homens em certas circunstâncias, ou seja, que este comportamento é justificável e que podemos esperar que ele possa ocorrer numa situação de igualdade.

Dessa razoável disputa, segue-se ser também razoável desconfiarmos dos outros homens. Isto é, a desconfiança é uma paixão que se explica pela circunstância de uma possível disputa. E da desconfiança, justifica-se o comportamento de nos anteciparmos ao eventual ataque que possamos sofrer, garantindo-nos com todos os meios disponíveis contra ele. Assim, nessas circunstâncias, é razoável que nos antecipemos, procurando aumentar ao máximo nosso poder de resistir a um ataque, cuja possibilidade não é insensato supor.

Aqui, mais uma vez, vale lembrar: Hobbes não quer dizer com isso que os homens ajam efetivamente assim (ainda que a experiência não o desminta), mas que numa situação de igualdade *é razoável e justificável* que os homens se comportem dessa maneira. Entenda-se: sendo possível mostrar a gênese desse comportamento e, nessa medida, oferecer sua razão, é razoável inferir que os homens se comportem dessa maneira, em dadas circunstâncias. E essa inferência justifica que nos comportemos de igual maneira a fim de nos precavermos, o que, por sua vez, justifica o comportamento dos outros no mesmo sentido e assim por diante: a lógica da guerra está instaurada. E ela permanece uma possibilidade sempre que pudermos, dadas certas circunstâncias, justificar o comportamento que a alimenta.

Não que por natureza estejamos sempre em guerra. O que Hobbes quis dizer é que nossa condição natural é tal — a condição de igualdade de poder — que a guerra permanece o horizonte sempre possível das relações entre os homens e, sendo possível, isto basta para justificar o comportamento efetivo de nos anteciparmos às suas conseqüências e nos comportarmos efetivamente de modo a fomentar uma situação de disputa. Daí o cuidado de Hobbes em precisar: "a natureza da guerra não consiste na luta atual, mas na conhecida disposição para tanto, durante todo o tempo em que não houver segurança do contrário". Esta "conhecida disposição" não é outra coisa senão a "inferência a partir das paixões" — ou seja, o fato de podermos supor, numa situação de igualdade, que os homens se comportem de maneira a procurar cada vez mais poder para si próprios.

Esta suposição equivale à guerra porque justifica que ajamos, e nos dá o direito de agir, no sentido de torná-la real e efetiva.

Mas a explicação hobbesiana da guerra não termina aí. Por enquanto só mencionamos duas das três causas da guerra arroladas por Hobbes: a competição e a desconfiança. Há ainda uma terceira, talvez mais importante do que as primeiras — a glória, o fato de os homens estarem em constante disputa pela honra e pela reputação.

O que é curioso nessa terceira causa da guerra é que, ao contrário das duas primeiras, ela não se segue, pelo menos não diretamente, da circunstância da igualdade, e Hobbes não indica, no momento em que a estabelece como uma causa da guerra, nenhuma circunstância que a explique, como se ela fosse um traço injustificável da natureza humana, uma espécie de capricho sem razão de ser. Isto, no entanto, não está em acordo com o modelo hobbesiano de explicação da conduta: todo comportamento tem por causa uma paixão e toda paixão se explica por uma circunstância que a determina.

O tema da disputa pela honra e pela reputação é, porém, recorrente na obra de Hobbes, e nela, de maneira dispersa, podemos encontrar vários elementos que permitem explicar esse comportamento. Disputar pela honra e pela reputação é uma forma de tentar arrancar dos outros que eles reconheçam o nosso valor ou o nosso poder. Este reconhecimento, por sua vez, é uma forma de poder, pois na medida em que os homens nos reconhecem, na medida em que somos reputados, temos poder de influência sobre os outros homens, e, portanto, podemos contar com o uso de seus poderes a nosso favor. Dispomos desse modo de maior poder social. Assim, a disputa pela honra e pela reputação se explica no âmbito de uma condição que já é de disputa, como uma forma de estender a lógica da guerra para um nível superior, que não é mais o confronto das forças brutas, mas agora o confronto do status social ou dos signos sociais de poder.

A importância dessa terceira causa da guerra é que, por meio dela, Hobbes está fazendo um diagnóstico do modo de sociabilidade e das relações políticas de seu tempo, isto é, uma crítica da sociedade cortesã, estruturada em torno dos valores da honra e da reputação, os quais definem a hierarquia social desde o seu topo, o príncipe ou o rei, que detém o valor máximo de nobreza e supostamente de virtude, até as camadas mais baixas da população, passando por todos os níveis intermediários de nobreza. O que Hobbes quer indicar é que uma sociedade cuja ordem é montada em torno dos valores da honra e da reputação é uma sociedade em estado de guerra iminente, isto é, uma sociedade sem estabilidade política.

Pois, o que é a honra senão a manifestação do valor que os homens atribuem àqueles a quem reverenciam e a quem, por essa via, conferem poder? Um homem honrado e reputado não tem intrinsecamente maior valor e poder do que os outros, pois os homens são naturalmente iguais e diferem apenas quanto ao seu valor aparente, isto é, quanto ao valor que os outros lhes atribuem segundo seus interesses e opiniões particulares. De maneira que o valor e o poder social que um homem tem hoje pode deixar de ter amanhã, quando a opinião a seu respeito tiver mudado, e, assim, as relações de poder numa sociedade estruturada em torno da honra e da reputação são relações instáveis, sujeitas à disputa permanente. É preciso, portanto, encontrar um outro princípio estruturador da sociabilidade, se quisermos escapar a essa situação de disputa, de desconfiança e inimizade, cujo horizonte último, como quis mostrar Hobbes, é a guerra e a dissolução completa do tecido social.

A guerra, assim, é inferida a partir das paixões. Mas não, como por vezes se supõe, como uma conseqüência de um mal inscrito na natureza humana, pois o comportamento que leva à guerra é plenamente justificável e razoável, dadas as condições naturais da existência humana, ou seja, dado o fato de que, sendo os homens naturalmente iguais, nenhum poder, nenhuma instância de decisão capaz de ordenar a vida política e social, pode se estabelecer naturalmente de maneira a garantir uma sociabilidade estável.

Essa idéia é certamente inovadora; ela põe por terra os princípios pelos quais se pensou a política até então. Pois, de um lado, a partir do modelo oferecido pela *Política* de Aristóteles, pensava-se que os homens eram por natureza animais políticos — não porque tivessem sempre vivido uma vida política, mas por ser a vida política o fim ao qual tende a natureza humana. A natureza humana é política, porque se realiza nela e a ela tende naturalmente. No entanto, essa idéia envolve uma outra que Hobbes pretendeu contestar, a saber, que haja uma hierarquia natural entre os homens. Pois, segundo Aristóteles, não são todos os homens que podem participar da vida política, apenas aqueles que, estando livres dos cuidados materiais da existência — na medida em que possuem no âmbito doméstico subordinados que trabalhem por eles —, dispõem de tempo, capacidade e virtude para tanto.

Além disso, se entre aqueles que estão por natureza destinados à vida política pode haver consenso (o que se explica em grande parte pelo fato de que seus conflitos econômicos se decidem no âmbito doméstico, fora da arena política), é porque eles são capazes de reconhecer os diferenciais de virtude que existem entre eles, neste ou naquele domínio particular, de modo a poderem ser convencidos por aqueles que, dentre eles, possuem maior valor. Ora, Hobbes quis mostrar que esses diferenciais de valor não são naturais e que, portanto, a questão de saber quem decide é uma questão naturalmente sujeita à disputa. Daí a vida no interior de uma ordem política não ser o destino natural do homem, mas algo que vai exigir de nós um esforço no sentido da instituição de suas condições de possibilidade, que não estão naturalmente dadas.

Por outro lado, se observarmos os princípios da política de Maquiavel, já muito distantes dos de Aristóteles — uma vez que colocam no centro da política as disputas de interesses de ordem econômica —, veremos que, também para ele, a ordem política é, em certo sentido, natural. Ela se estabelece no momento em que os homens se organizam em torno de instituições republicanas que definirão as regras dos modos de decisão e de regulação dos conflitos, ou, então, no momento em que um homem, um príncipe, conseguir angariar para si um poder suficiente para se impor aos outros como instância de decisão e regulamentação. No primeiro caso, os homens chegam naturalmente a um acordo. No segundo, à falta do consenso, se submetem ao poder de fato de um homem.

Hobbes, porém, quis mostrar, com a sua teoria do estado de guerra, que nem o consenso nem a submissão a um poder de fato, embora possam se produzir, são suficientes para nos retirar de uma situação de guerra iminente, conferindo estabilidade à ordem social. O que, a seu modo, Maquiavel sabia muito bem, pois reconhecia que as estruturas republicanas tendem a se corromper e que um príncipe deve estar sempre atento aos ataques que pode sofrer por parte dos outros poderes que se opõem ao seu. A contribuição de Hobbes consistiu em acrescentar a esse diagnóstico acerca da instabilidade das relações de poder a idéia de que a ordem política precisa de um outro fundamento — nem a concordância circunstancial dos interesses, que pode se romper de um momento para outro, nem a constituição de um poder de fato que, do mesmo modo pelo qual se impôs, pode ser deposto de um só golpe, mas um contrato que dê estabilidade e realidade jurídica às instituições políticas.

Esse contrato é produto de um ato voluntário. Em referência a ele a política será pensada não mais como uma ordem natural, como se pensou até então, mas como uma ordem voluntariamente instituída pelos homens e cuja realidade é da ordem do jurídico.

O contrato ou a instituição da política

Do mesmo modo que é razoável supor, a partir de um cálculo acerca das paixões humanas, que, na ausência de um poder comum a que todos obedeçam, em condição de igualdade de poder, os homens tenham motivos para disputar com os outros, desconfiar deles e procurar obter maior poder pessoal, é também razoável supor que os homens percebam as contradições dessa condição e dela queiram sair. A situação de guerra é uma situação de miséria e incerteza. O produto de nosso trabalho pode nos ser retirado a qualquer instante por um poder maior que o nosso. Nossa vida está constantemente ameaçada, pois nada nos garante, a não ser nosso próprio e ínfimo poder, contra o poder dos outros, o qual não é insensato supor que será usado contra nós. É portanto razoável que queiramos sair dessa situação, garantindo as condições da paz.

Esse desejo de paz, que se supõe ser o desejo de todos os homens que tenham refletido sobre as causas e os efeitos da guerra, está na base de um suposto contrato ao qual Hobbes pretende fazer remontar o fundamento jurídico do Estado, pensado ele mesmo como um ente jurídico e, nesse sentido, não natural. Por meio desse contrato, segundo o modelo de Hobbes, os homens se comprometem reciprocamente a submeter suas vontades à vontade de um homem ou assembléia de homens, que passa a ter poder para decidir acerca de todos os assuntos concernentes à paz. Institui-se desse modo o Estado.

Este contrato é, como dissemos, um contrato suposto. Ao dizer que a origem das instituições políticas está num contrato, Hobbes não pretende dizer que em um dado momento de sua história os homens efetivamente o firmaram. O que ele quer dizer é que os homens devem obedecer ao poder do Estado *como se* o tivessem fundado a partir de um contrato, pois é isso que nos permite compreender as razões, os limites e a forma da obediência civil; é isso que nos permite compreender a obediência como um *dever* ou uma *obrigação*. Ou seja: a hipótese da origem contratual do poder político se impõe como uma forma de nos fazer ver que o Estado e seu poder (pois o Estado é inseparável de seu poder, na medida em que se institui como um poder maior que todo poder individual) possuem uma realidade que é da ordem do jurídico. É uma obrigação jurídica, contratual, que sustenta o poder do Estado e não qualquer qualidade *de fato* desse poder, como sua força ou seu valor intrínseco. E é na medida em que compreendemos a natureza dessa obrigação que podemos conceber o tipo de estabilidade — uma estabilidade jurídica — que esse poder possui.

Por ser juridicamente estável em sua soberania, por não estar sujeito à oposição de nenhum outro poder (à exceção do poder de outros Estados), o poder do Estado é o maior de todos os poderes que os homens podem constituir para garantir as condições de sua existência. Nesse sentido, tal poder é radicalmente diferente do poder de uma multidão reunida. Uma multidão não está vinculada por elos de obrigação, e da mesma maneira em que se forma, por uma concordância circunstancial das vontades, pode se desfazer, pelo dissenso sobre o modo de emprego de seu poder comum ou pela força de uma outra multidão reunida. O poder do Estado, por sua vez, não depende de uma concordância efetiva e circunstancial das vontades. Ele se funda num contrato para o qual o que conta não é o acordo efetivo, mas o fato de os homens terem *expresso* suas vontades como concordantes no momento do contrato e se encontrarem por meio disso *obrigados* a agir de acordo com o modo como deram a significar suas vontades. O contrato é um ato de linguagem — traço fundamental, ao qual voltaremos, sem cuja referência não podemos compreender em que sentido um contrato cria um vínculo de obrigação permanente.

Dissemos que a vontade que firma o contrato civil é uma vontade suposta ou uma vontade que supostamente quer sair da condição de guerra e instaurar as condições da paz. Pois Hobbes, nos parece, nunca pretendeu dizer que alguma vez se produziu um acordo efetivo ou real dos homens nesse sentido, mas que esta é uma vontade que podemos supor ser a dos homens relativamente ao contrato pelo qual eles supostamente teriam instituído o Estado.

Sendo o contrato um ato voluntário e sendo todo ato voluntário um ato pelo qual se visa algum bem, na base de todo ato contratual é preciso supor que o contratante vise e possa adquirir um bem, seja ele qual for. É por isso que um contrato em que nos comprometemos a matar a nós mesmos ou nos desfazer de todos os nossos bens é um contrato nulo, pois não se pode supor que alguém queira a própria morte ou abdicar de seus meios de vida, o que, em sentido algum, pode ser entendido como um bem. Não que não se possa querer efetivamente a própria morte ou destituir-se de todos os bens. Mas, numa relação jurídica, numa relação contratual, não podemos supor que esta seja a vontade de alguém — o que cria a situação, bastante familiar aos juristas, de, por vezes, a vontade juridicamente suposta não ser o exato equivalente da vontade efetiva.

É nesse sentido que dizemos que a vontade de sair da condição de guerra e construir as condições da paz é uma vontade suposta. Pois não é preciso crer que todos os homens tenham efetivamente sua vontade determinada neste sentido, concordando de fato sobre a necessidade da paz; basta compreender que é razoável supor que esta seja a sua vontade para que se possa entender a razoabilidade, e, com ela, a validade do contrato de instituição da soberania política, a base do cálculo de nossos deveres e obrigações civis. Um contrato não razoável é um contrato nulo, pois sua irrazoabilidade consiste precisamente no fato de não se poder compreender que tipo de bem se visa com ele, e, não trazendo um bem, não há o que justifique que alguém o tenha feito. Que os contratantes tenham motivos privados e ocultos para fazer certos contratos insanos, pouco importa do ponto de vista jurídico. O que importa é que esses motivos são publicamente concebidos como insanos, isto é, como visando alguma coisa que está em desacordo com o que se pode compreender ser a vontade dos homens em geral. O contrato é, nesse sentido, juridicamente nulo.

Há, portanto, um ponto de vista jurídico que é aquele que devemos adotar quando queremos pensar o Estado, ele mesmo um ente jurídico, um sistema de obrigações e deveres pelos quais os homens se vêem vinculados entre si. Toda obrigação é, segundo Hobbes, o resultado da renúncia ou da transferência de um direito a partir de um ato contratual. A fonte de toda obrigação é um contrato, e, mais precisamente, o contrato de instituição do Estado. Pois Hobbes entende que, antes desse contrato, antes que tenhamos fundado juridicamente um poder soberano ao qual estejamos vinculados por um dever de obediência, nenhum contrato é válido e, por conseguinte, ninguém está obrigado a agir deste ou daquele modo.

Há uma razão jurídica para isso. Numa situação em que é razoável supor que aquele com quem contratamos não cumprirá sua parte no contrato, como no caso de uma condição de guerra de todos contra todos — na qual é razoável supor que os homens empreguem todos os meios de que dispõem para aumentar seu poder pessoal, o que inclui a quebra dos contratos —, ninguém teria motivos para fazer um contrato. Não sendo razoável, um contrato é nulo. Como dissemos, o contrato é um ato voluntário, e, por isso, sua validade jurídica está na dependência de que se possa supor que os contratantes adquiram algum bem através dele. Ora, o bem que se visa no contrato é aquele que a outra parte contratante deverá nos ceder em troca do bem que lhe concedemos. Sem garantia do desfrute desse bem, não há nada que explique por que faríamos o contrato. Daí que os contratos feitos nessa situação sejam nulos, não obriguem a ninguém, do mesmo modo em que um contrato pelo qual nos comprometemos a matar-nos a nós mesmos é um contrato nulo.

Numa condição de guerra, de desconfiança mútua, não há vínculos de obrigação possíveis. A guerra é o antijurídico, relações de pura força e poder. Porém, uma vez instituído o poder do Estado — cuja primeira e principal função é a de servir de fiador para os contratos empreendidos, punindo todos aqueles que não cumprem suas obrigações contratuais —, os contratos passam a ser válidos. Não temos mais motivos para desconfiar que os outros não nos concedam os bens que por meio deles são visados, e, portanto, a vontade de criar vínculos de obrigação contratuais passa a poder ser razoavelmente suposta na base dos contratos, conferindo-lhes validade.

O poder punitivo do Estado se oferece, portanto, como a condição material da validade formal dos contratos. Trata-se de uma condição material porque o poder do Estado, embora constituído juridicamente, não tem uma realidade apenas jurídica: ele é um poder de fato, um poder que o Estado possui na medida em que lhe concedemos, e só a ele, o direito de punir, assim como uma série de outros direitos, como o de fazer leis, julgar as controvérsias etc., necessários à manutenção da paz. Ao acenar com a possibilidade de punição daqueles que não cumprem seus contratos e desobedecem as leis, o Estado determina materialmente, ou seja, de fato, a vontade dos homens no sentido de cumprir suas obrigações.

Nem por isso, porém, é preciso supor que as pessoas obedeçam às leis e cumpram seus contratos apenas porque de fato têm medo de serem punidas. O medo da punição é condição material da validade formal dos contratos, que obrigam *em virtude de serem formalmente válidos* e não em virtude de termos medo das conseqüências de seu rompimento.

No entanto, para que um contrato seja válido, requer-se que possamos contar com o fato de que aquele com quem contratamos tema ser punido pelo não cumprimento de sua parte contratual. Pois esse medo é uma garantia para nós de que desfrutaremos do bem visado, garantia da qual precisamos para que nossas vontades sejam coerentemente expressas no contrato. Lembremos: só se pode entender por ato voluntário aquele mediante o qual se adquire um bem; e a possibilidade de aquisição de um bem é, por sua vez, requerida para que os contratos, por serem atos voluntários, tenham validade. Sendo válidos, os contratos obrigam em virtude desta validade e não devido ao medo da punição. Não é, pois, apenas porque tenho medo das conseqüências do rompimento de um contrato que o cumpro, mas também porque, na medida em que sei que *o outro* tem medo, posso fazer com ele contratos que sejam juridicamente válidos e que imponham uma obrigação, a qual reconheço.

Acerca disso, Hobbes nos diz que os homens justos são aqueles que cumprem seus contratos em virtude da compreensão da obrigação que ele acarreta e não em virtude do medo da punição. Porém, mesmo o homem justo precisa da garantia material de que os outros cumpram sua parte contratual. Esta garantia o poder punitivo do Estado lhe fornece e sem ela não há contratos válidos, nada que obrigue o homem justo a agir de acordo com sua compreensão da justiça. A justiça não é outra coisa, segundo Hobbes, senão o cumprimento dos pactos válidos. Onde não há contratos válidos, não pode haver justiça, mas apenas um desejo de justiça. Este desejo é o que singulariza o homem justo no estado de natureza.

Para compreender a essência da obrigação, é preciso que se compreenda, como já indicamos, o contrato como um ato de linguagem. No ato contratual *exprimimos* nossa vontade como sendo uma certa vontade, como estando determinada num certo sentido, e é *em virtude desse modo de exprimir a vontade* que os contratos obrigam. Hobbes compara a quebra de um contrato a uma contradição lógica, ao que ele denomina *absurdo*. Com isso quer dizer que, da mesma maneira que não podemos definir um triângulo sem deixar de concluir em função dessa definição que seus ângulos internos somam 180 graus, do ponto de vista da razão, não podemos expressar nossa vontade como determinada a agir num determinado sentido sem deixar de agir desse modo. Pois, nossas palavras e ações significam nossa vontade e é preciso que esses signos concordem entre si se não quisermos dar a significar uma vontade incoerente. Isto seria o mesmo que definir um triângulo em cada momento do nosso discurso de uma maneira diferente, inviabilizando qualquer cálculo racional (pensado, como vimos, como um cálculo de conseqüência de definições) acerca de suas qualidades.

Qualquer um que tenha compreendido a natureza da razão percebe que ela depende de um uso estável e coerente dos signos lingüísticos ou de uma significação estável e coerente dos pensamentos que queremos comunicar aos outros. Pois, sem isso, os outros não podem compreender *do que* estamos falando, *a que* estamos dando nomes, e não podem acompanhar nosso discurso, sua cadeia de conseqüências, em que consiste a razão. Portanto, do ponto de vista da razão, ninguém pode significar sua vontade ora como sendo uma, ora como sendo outra, e é por isso, em virtude dessa exigência racional, que devemos cumprir nossos contratos, se exprimimos nossa vontade como sendo esta.

Isso não quer dizer, evidentemente, que não possamos de fato quebrar nossos contratos, mas apenas que, agindo assim, agimos de maneira irracional. E isto em dois sentidos. Em primeiro lugar, porque damos a significar uma vontade incoerente, o que seria o mesmo que, em matemática, definir uma figura e retirar dela conseqüências incompatíveis com sua definição. Em segundo lugar, porque deixamos de perceber que a razão é a ferramenta de construção da paz, a qual é razoável supor que seja desejada por todos, visto ser ela o único meio de desfrutar com tranqüilidade dos bens que visam. Ou seja, desrespeitar os contratos empreendidos é contrário à razão não apenas porque com isso incorremos numa incoerência, mas também, e num sentido talvez mais importante, porque com isso se declara aos outros que não se está disposto a estabelecer com eles relações racionais, sem as quais não há paz possível.

Quem desrespeita seus contratos age contrariamente ao seu próprio bem, de maneira inconseqüente, não razoável. Pois, desrespeitar contratos é o mesmo que declarar aos outros que queremos nos comportar da maneira como bem entendermos, conforme as circunstâncias determinam nossas paixões ora de uma maneira, ora de outra. A razão, no entanto, exige de nós que calculemos, não mais com os conteúdos de nossa imaginação (e as paixões se determinam pela imaginação, pelo modo como os objetos são percebidos e imaginados), mas com os nomes, a partir da definição que damos aos conteúdos da imaginação. Assim, se num contrato definimos nossa vontade de uma maneira, a razão calcula a partir daí qual o comportamento que se espera de nós, o comportamento justo. Ao descumprir nossos contratos, mostramos aos outros que não assumimos as conseqüências do modo como exprimimos nossa vontade e que agimos sempre em conformidade, não com a razão e com o cálculo de conseqüências de definições, mas com a imaginação e as paixões. Isso é o mesmo que dizer aos outros que não queremos construir com eles uma relação de paz, pois o que se pode esperar de nós a partir de um cálculo de nossas paixões é, como sabemos, a guerra presente ou iminente.

A paz requer que se substitua o cálculo de conseqüências das paixões pelo cálculo de conseqüências dos signos da vontade, ou seja, que se deixe de agir em conformidade com o que as circunstâncias fazem ser a nossa vontade, para agir em conformidade com o modo como ela é expressa. Essa troca de perspectivas é fundamental. Sem ela, permanecemos relativamente aos outros homens em estado de guerra, o que não quer dizer outra coisa senão que nos recusamos a estabelecer com eles relações juridicamente controladas e que nossas relações são relações de pura força e poder. Não havendo obrigação, num regime de desconfiança mútua e generalizada no seio do qual nenhum pacto é válido, cada um pode fazer o que bem entender, desde que tenha poder para tanto: nisso consiste o estado de guerra, ao qual o Estado, instituindo o campo das obrigações jurídicas, visa pôr fim.

As leis de natureza e a ciência moral

Antes mesmo, porém, que o Estado seja instituído e que, com ele, nossas relações sociais possam se estabelecer no âmbito de um campo jurídico, quando nossas relações se tecem ainda no plano da estrita natureza, pode-se dizer que temos algumas obrigações, as quais, por não se seguirem de um ato contratual e não serem instituídas pela vontade dos homens, são ditas naturais. Trata-se da obrigação diante das leis de natureza, entendidas por Hobbes como certos preceitos da razão que apontam os meios mais convenientes de assegurarmos as condições de uma vida satisfeita.

Nesse sentido, a razão (ou as leis de natureza descobertas por ela) nos obriga, primeiramente, a procurar a paz. Este é o conteúdo da primeira e fundamental lei de natureza, da qual se seguem todas as outras. Se queremos a paz, queremos também os seus meios, que consistem no estabelecimento dos contratos (segunda lei), no cumprimento dos contratos válidos (terceira lei), na demonstração de gratidão frente a quem nos concede um benefício (quarta lei), em não exigirmos para nós mesmos mais do que concedemos aos outros (quinta lei), em perdoar as ofensas sofridas (sexta lei) etc. As leis de natureza nos obrigam a agir em conformidade com seus preceitos, pois, sejam quais forem os bens que visamos, sejam quais forem os ingredientes que para nós compõem uma vida satisfeita, não podemos deixar de perceber que a paz e tudo aquilo que ela requer se oferecem como uma condição indispensável da fruição desses bens, sempre ameaçada numa condição de guerra. Assim, antes mesmo que o Estado seja instituído, estamos *obrigados* a agir no sentido de sua instituição, visto ser ele condição da paz e de uma vida satisfeita.

No entanto, no quadro conceitual do hobbesianismo, não é fácil entender em que sentido as leis de natureza obrigam. Hobbes define a obrigação como o cancelamento de um direito, isto é, como o cancelamento de nossa liberdade de escolher agir, segundo nossa própria vontade e juízo, desta ou daquela maneira. De acordo com tal definição, as leis de natureza obrigam porque determinam qual deve ser nossa ação, cancelando nossa liberdade de agir em sentido contrário. Porém, o que define uma obrigação não é apenas o fato de ela impor uma ação como um dever, mas também o fato de, por meio dessa imposição, ela cancelar nosso direito de agir conforme ao que julgamos, em cada ocasião, o melhor. Hobbes não nos fornece elementos para compreender como precisamente isso se dá em relação às leis de natureza.

O problema não se coloca em relação à obrigação contratual: uma vez estabelecido o compromisso de agir em conformidade com o modo como significamos nossa vontade no ato contratual, deixamos de poder agir tal como nossa vontade é efetivamente determinada. É assim que podemos efetivamente nos arrepender de ter feito um contrato e nos determinarmos a rompê-lo, sem que com isso deixemos de estar obrigados a cumpri-lo. A obrigação cancela nosso direito de agir conforme nossa vontade efetiva para nos obrigar a agir em conformidade com o modo como damos a significar nossa vontade aos outros.

Ora, aparentemente nada de semelhante ocorre com a obrigação natural. Estamos obrigados a agir segundo os preceitos das leis naturais na medida em que eles ditam o que é a nossa vontade, e apenas enquanto percebermos que essa é a melhor maneira de agir. Não parece haver portanto, relativamente às leis naturais, o cancelamento do direito de agir conforme ao que julgamos melhor. Daí, talvez, a razão de Hobbes dizer que as leis de natureza não obrigam em sentido próprio.

Alguns pensadores posteriores a Hobbes, como Rousseau e Kant, entenderam que o que Hobbes caracteriza como um modo impróprio de obrigação é a forma própria da obrigação moral. Rousseau e Kant compreendem que estamos moralmente obrigados a agir de um determinado modo apenas na medida em que a regra da ação é posta de maneira autônoma pela nossa própria vontade, isto é, apenas na medida em que essa regra não nos é imposta de fora, como uma coerção, mas livremente aceita por nós como uma lei que damos a nós mesmos.

Hobbes, no entanto, compreende a obrigação de outro modo: como um compromisso em relação ao outro. É por isso que, para ele, uma obrigação propriamente dita é uma obrigação de agir conforme ao que o outro espera de nós em virtude dos atos contratuais que empreendemos. Poderíamos dizer, tomando como ponto de referência os pensamentos de Rousseau e Kant, que para Hobbes uma obrigação em sentido próprio é uma obrigação jurídica e não moral. Com isso, no entanto, não devemos entender que para ele não haja sentido moral algum para nossas ações, isto é, que, de um ponto de vista estritamente moral, possamos agir *de qualquer maneira*; apenas devemos entender que o sentido moral de nossas ações não se deixa caracterizar para Hobbes, como para Rousseau e Kant, nos termos de uma obrigação que impomos a nós mesmos. Como entender, então, o conteúdo moral de nossas ações para o qual aponta a doutrina hobbesiana das leis de natureza?

As leis de natureza não ditam, como podemos ser levados a supor, o que é a nossa vontade ou a sua lei interna. Pois nossa vontade é sempre particular, vontade deste ou daquele bem, conforme as circunstâncias e nossa experiência particular nos levam a atribuir valor às coisas. O que as leis de natureza prescrevem é o modo como devemos nos comportar se quisermos significar aos outros uma vontade de paz, posta como condição de satisfação de nossa vontade, seja ela qual for. Quem quer a paz deve *demonstrar aos outros* que quer estabelecer contratos, pois este é o modo de instituir obrigações, sem as quais não há paz possível; deve *demonstrar* que quer cumprir os contratos que estabelece, isto é, que quer construir as condições de validade dos contratos e cumprir seus contratos válidos, pois não cumprir os contratos válidos é dar motivo aos outros para que não os estabeleçam; deve *demonstrar* gratidão a quem lhe concede um benefício, pois quem assim concede espera tal comportamento de seu agraciado, como condição da dádiva; deve *demonstrar* complacência, capacidade para perdoar etc., pois esses comportamentos são os comportamentos que esperam de nós aqueles que se dispõem a estabelecer conosco uma relação de paz.

Da mesma maneira que a guerra se alimenta da suposição de que os homens têm motivos para competir, desconfiar, enganar, a paz se alimenta da suposição de que aqueles com quem nos relacionamos a desejam, pois só assim teremos motivos para agirmos nós mesmos no sentido da paz e não da guerra. A paz exige reciprocidade. Daí a necessidade de demonstrarmos aos outros que a queremos. Estabeleceremos e cumpriremos contratos, seremos gratos, complacentes etc. desde que os outros também o façam; do contrário, todos esses comportamentos deixam de poder significar a nossa vontade, na medida em que não nos trazem benefício algum, oferecendo-nos, ao contrário, como presas aos interesses dos outros.

É importante frisar que as leis de natureza não prescrevem exatamente o dever de *querer* estabelecer contratos e cumpri-los, ser grato etc., mas, mais propriamente, o dever de nos *comportarmos de maneira a dar a significar aos outros* que a nossa vontade é essa. Para que haja paz, não importa tanto que tenhamos efetivamente uma vontade de paz e que queiramos tudo aquilo que se oferece como seus meios indispensáveis. Mais importante do que a qualidade de nossas motivações íntimas, é o modo como permitimos aos outros calcular o que se passa em nosso interior.

Esta precisão é da maior importância por duas razões. Em primeiro lugar, porque nos permite compreender em que sentido as leis de natureza obrigam ao mesmo tempo em que não obrigam propriamente.

O modelo de obrigação é, para Hobbes, como já dissemos, a obrigação contratual. Num contrato, estamos obrigados a emitir aos outros signos coerentes de nossa vontade e, por isso, estamos obrigados a agir de acordo com a palavra dada, ainda que nossa vontade venha a se alterar nesse meio tempo. O que importa à obrigação contratual é a nossa vontade tal como significada por nossas palavras e ações e não a nossa vontade propriamente dita, que pode ser de fato muito mais flutuante do que a demonstramos ser.

Do mesmo modo, estamos obrigados relativamente às leis de natureza a nos comportarmos de maneira a significar aos outros uma vontade de paz, uma vontade coerente e racional, ainda que, de fato, nossas paixões talvez não se encaminhem todas nesse sentido. Sinto ódio e quero me vingar de alguém. Hobbes não nos pede que deixemos de experimentar esta paixão, e nem poderia, pois é categórico ao afirmar que não somos livres para escolher nossas paixões e nossa vontade. O que a doutrina hobbesiana das leis de natureza nos demanda é uma outra coisa — simplesmente que, no plano de nosso comportamento, não demonstremos ódio, pois sua demonstração, mais do que a paixão mesma, é contrária à paz, na medida em que dá motivos aos outros para não se aliarem a nós.

É, nesse sentido, muito próximo do sentido da obrigação contratual que as leis de natureza obrigam: elas obrigam a nos comportarmos de modo a significar uma vontade de paz e a definirmos nosso comportamento a partir desse critério e não daquele fornecido por nossas paixões atuais. E se, por outro lado, elas não obrigam propriamente é porque, do mesmo modo em que a obrigação contratual só se estabelece no momento em que tivermos garantia de que os outros cumprirão seus deveres contratuais, o comportamento prescrito pelas leis naturais só é obrigatório no momento em que tivermos garantia de que os outros agirão do mesmo modo — garantia esta da qual não dispomos em nossa condição natural, que, pelo contrário, nos autoriza a supor que a vontade dos homens é uma vontade de guerra e não de paz. Daí Hobbes nos dizer que só no interior do Estado as leis de natureza são obrigatórias, na forma de uma obrigação civil e não simplesmente natural. Em nossa condição natural, as leis de natureza obrigam apenas a nos esforçarmos para que se tornem efetivas, ou seja, a nos comportarmos no sentido de mostrar aos outros que queremos a paz, ainda que, na falta da garantia de que os outros também a queiram, não estejamos obrigados a agir invariavelmente de acordo com tal princípio. Apenas no interior do Estado civil, sob a garantia da reciprocidade, estamos em condições de observá-lo inteiramente, construindo um comportamento que signifique perfeitamente uma vontade de paz.

Em segundo lugar, a importância de se compreender que as leis de natureza obrigam a *representar* coerentemente a vontade mais do que *ter* efetivamente uma vontade coerente está em que, a partir disso, podemos compreender o que Hobbes entende por virtude e em que medida seu pensamento moral prolonga uma longa tradição, que remonta, pelo menos, a Aristóteles.

Para essa tradição, a virtude consiste sobretudo no modo como nos apresentamos aos outros, ou, para usar uma expressão de Bacon, na vestimenta (*garment*) da alma, que deve se compor de maneira a encobrir a imperfeição natural de nossas paixões e salientar suas qualidades. Trata-se efetivamente de nos mostrarmos mais coerentes e harmônicos do que verdadeiramente somos em nosso interior, mas não como uma forma de falsidade ou de engodo, e sim como uma maneira de nos aperfeiçoarmos pela aparência, fazendo da virtude uma boa apresentação de nós mesmos. Isto é o que Cícero denominava o *decorum*, um comportamento que revela de maneira apropriada uma boa disposição de caráter e o que, no tempo de Hobbes, costumava-se chamar uma *boa dissimulação*. A dissimulação é boa porque por meio dela construímos nossa perfeição moral e porque é requerida por uma convivialidade agradável.

Já não compreendemos mais a virtude dessa maneira. Para nós, a virtude consiste sobretudo numa boa intenção, ou seja, não na harmonia de nosso comportamento exterior mas na qualidade das motivações íntimas que o inspiram. E é porque já estamos distantes da concepção hobbesiana da virtude que se torna difícil para nós pensar, como Hobbes pensou, uma relação indissociável entre a política e a moral.

Para Hobbes, o comportamento virtuoso só pode se desenvolver plenamente no interior do Estado, na medida em que, com o seu poder, ele oferece, por assim dizer, retaguarda à virtude, conferindo a coerência que faltava em nossa condição natural ao agir virtuoso. Para nós, política e moral aparecem quase como incompatíveis, pois pensamos a política como um sistema de pura coerção de nossas ações exteriores, que nada tem a ver com nossas convicções íntimas e privadas, de cuja qualidade fazemos depender nosso caráter moral e que, por serem íntimas, estão fora do alcance da coerção do Estado.

O direito e o poder

Pode-se dizer que a diferença entre o estado de natureza e o Estado civil está no tipo de relação que os homens estabelecem entre si em cada uma dessas condições. Tal afirmação é polêmica, pois supõe que Hobbes conceba nossa condição natural como uma condição em que os homens se encontram em relação, sendo que a idéia hobbesiana de uma guerra de todos contra todos é muitas vezes interpretada como indicativa da impossibilidade de qualquer tipo de vínculo entre os homens no estado de natureza. No entanto, Hobbes não diz que em sua condição natural os homens não se encontram em relações. Nem mesmo diz que nossa condição natural é uma condição de guerra de todos contra todos, mas simplesmente que este é o horizonte último de nossas relações naturais, ou seja, que nossas relações naturais são de uma modalidade tal que tendem a se dissolver numa guerra de todos contra todos ou na completa desintegração da vida social. Cabe assim entender qual é essa modalidade de relação e no que ela se distingue de nossas relações civis.

Nossas relações naturais são, em última instância, relações de puro poder. *Em última instância*, pois Hobbes admite a possibilidade de que ainda em sua condição natural os homens estabeleçam contratos entre si, cuja base de validade é a confiança mútua. Todavia, sempre que por algum motivo essa confiança se quebrar — e o fato de nossa condição natural ser uma condição de guerra iminente mostra quão inúmeros são os motivos de desconfiança —, a pequena ilha jurídica aberta pelos contratos de confiança mútua se dissolve novamente no mar das relações de puro poder. Nessa condição, no limite, cada um conta apenas com seu próprio poder e com o modo como o compõe ou o opõe ao poder dos outros para garantir as condições de sua existência.

No Estado civil, por sua vez, as relações entre os homens deixam de se regular em virtude do poder de que cada um dispõe, deixam de ser relações de puro poder, de confronto e composição de poderes, para se tornarem, como viemos frisando, relações de direito e obrigação, ou seja, relações jurídicas. Desse modo, os laços que unem os homens no Estado civil são laços de uma natureza absolutamente distinta dos laços que os unem (e também os separam) em sua condição natural. Os laços de direito se estabelecem num plano distinto dos laços de poder.

Essa distinção é bastante nítida na definição hobbesiana do direito natural. Hobbes estabelece que, por natureza, temos o direito ou a liberdade de escolher segundo o nosso próprio juízo a maneira de empregar nosso poder a fim de garantir as condições de nossa existência. Nisso consiste nosso *direito natural*. Ora, o que pode restringir esse direito é tão-somente uma *obrigação*, isto é, o compromisso de agir de uma determinada maneira, cancelando o direito de agir segundo o próprio juízo — o que significa que jamais um outro *poder* é capaz de restringir um *direito*. Um poder restringe um outro poder, mas um poder maior do que o meu não cancela o meu direito de usar o poder que me resta para agir da maneira como eu achar melhor. É assim que, encontrando-me acorrentado, disponho de pouquíssimo *poder* para agir, mas meu *direito* de empregar o poder que tenho (ainda que mínimo) permanece inalterado. Continuo tendo o direito de fazer o que estiver à minha disposição para me livrar das correntes que me cerceiam. Por outro lado, se eu estiver *obrigado* em virtude de um contrato a agir desta ou daquela maneira, não disponho mais do *direito* de agir como eu quiser, ainda que eu possa ter o *poder* de agir contrariamente a minha obrigação. Ou seja, nas relações de puro poder, como são em última instância nossas relações naturais, minha liberdade de ação encontra impedimento apenas pela oposição de um outro poder; nas relações de direito, minha liberdade encontra um obstáculo de outra natureza — a obrigação, que, nos termos de Hobbes, é um vínculo de palavras, não um vínculo físico.

Assim, é importante marcar a diferença entre a definição hobbesiana do direito natural e aquela de Espinosa, pois ela é representativa de duas concepções distintas acerca das relações entre o direito e o poder. Espinosa define o direito natural como o poder de que um homem dispõe para agir. O que significa que, para ele, não há distinção entre direito e poder. Se alguém tem o poder de fazer algo, então, por natureza, tem o direito de fazê-lo.

Essa equivalência não é estabelecida por Hobbes. De um lado, o direito é mais extenso que o poder, visto que a um poder restrito pode corresponder um direito irrestrito de empregá-lo da maneira como se queira, desde que nenhuma obrigação o restrinja. Por outro lado, de um outro ponto de vista, pode-se dizer que o direito é mais restrito que o poder. Pois, posso ter o poder de fazer algo e, no entanto, não ter o direito de fazê-lo, seja porque uma obrigação anterior me proíbe, seja porque a ação em questão não é necessária à própria conservação. Lembremos: o direito natural se define como uma liberdade de se fazer o que se queira *tendo em vista a própria conservação*. Não se tem, portanto, por natureza, o direito de se empreender certas ações que não se justifiquem pela necessidade de se autoconservar.

É apenas numa condição de guerra que o direito equivale ao poder, pois nesta condição, no âmbito da qual se dispõe de poucos recursos para assegurar a sobrevivência, tudo aquilo que se puder fazer no sentido de assegurá-la passa a ser justificado do ponto de vista do direito. Nessa condição, e só nela, o direito de se fazer o que se considera necessário à sobrevivência se estende a todas as coisas. Mas esta é uma condição a qual se quer evitar. Um poder restrito, submetido a toda sorte de oposição por parte de outros poderes, aliado a um direito irrestrito, incapaz de regulamentar o emprego dos poderes, implica insegurança e temor. Para se escapar disso é preciso investir na diferença entre direito e poder, restringindo os direitos pelo pacto civil e aumentando o poder, na forma do poder do Estado, de garantir as condições materiais da existência.

Para Espinosa, a identidade entre direito e poder permanece inalterada no âmbito do Estado. Se o Estado cerceia meu direito de agir é apenas na medida em que tem poder para cerceá-lo. Espinosa concebe o poder do Estado como uma composição dos poderes dos indivíduos unidos em função de um fim comum. Um Estado forte é, assim, aquele em que os indivíduos estão fortemente vinculados em virtude de sua vontade comum, de modo a se encontrarem dispostos a empregar sua força conjunta contra todos aqueles que se colocarem como obstáculo à consecução do fim público. Num Estado forte, portanto, os indivíduos não têm poder de agir contra as decisões comuns e, nessa medida, não têm direito de agir contra o Estado. Mas no caso de um Estado fraco, que não consiga reunir os indivíduos em torno de suas decisões, estes recobram o poder e, com ele, o direito de se rebelar contra ele.

Hobbes, ao contrário, concebe o poder do Estado não como o produto de uma convergência efetiva das vontades, mas como o produto da *expressão* de uma vontade convergente num ato contratual — o que faz toda a diferença em relação a Espinosa. Pois isso permite a Hobbes pensar nosso dever de obediência ao Estado a partir de um ponto de vista estritamente jurídico, como o dever de cumprir um contrato válido em relação ao qual pouco importa se temos ou não o poder de agir em conformidade ou contra ao que o Estado nos ordena. Devemos obediência ao Estado em virtude de uma obrigação contratual, e não simplesmente porque seu poder anula nosso poder de resistência. O Estado civil — convém ainda insistir — tem sua origem num contrato. Sua origem e natureza são jurídicas e não físicas.

Todavia, apesar de Hobbes distinguir, ao contrário de Espinosa, o plano das relações de poder e o plano das relações de obrigação e direito, o fato é que ele faz depender as relações de direito de uma relação de poder. Pois é apenas na medida em que o Estado tem *poder* (entenda-se: poder de fato) para nos fazer cumprir nossos contratos, inclusive aquele que o institui, que ele cria um campo jurídico de obrigações e direitos, calculados a partir dos contratos, tornados válidos em seu interior.

Esse apoio das relações jurídicas sobre uma relação de poder motivou a acusação da parte de Rousseau de que Hobbes não teria encontrado o verdadeiro fundamento da legitimidade do Estado. Rousseau acusa Hobbes de fornecer ao Estado um falso direito de governo, posto que este direito, no limite, está assentado sobre o seu poder. Que direito é este, pergunta-se Rousseau, que deixa de existir quando não se tem o poder de fazer cumpri-lo? Não seria isto o indicador de que não se trata verdadeiramente de um direito, mas de um simples poder de se fazer obedecer, que leva o nome, e apenas o nome, de um direito?

A crítica de Rousseau não é contudo capaz de atingir a lógica do contratualismo de Hobbes e a distinção entre o plano das relações de poder e o plano das relações de direito que ele supõe. É bem verdade que, sem um poder de fato, o Estado hobbesiano se torna incapaz não apenas de governar, mas de existir enquanto uma malha de relações jurídicas, pois esta depende da garantia do cumprimento recíproco dos contratos, oferecida por ele. Mas não é verdade que obedecemos ao Estado na exata medida em que ele tem poder de nos fazer obedecer e pelo tempo que o tiver. Já insistimos suficientemente neste ponto: não é o poder do Estado que funda a obediência, mas, precisamente, o contrato tornado válido por seu poder. De modo que as relações de direito não são relações de poder disfarçadas, com aparência de direito, como alega Rousseau, mas verdadeiramente, de acordo com a lógica do hobbesianismo, relações de naturezas distintas.

O fato de que o direito dependa da existência de um poder capaz de impor pela força a obediência não põe a perder a natureza estritamente jurídica do Estado. Ele chama a atenção, contudo, para um outro ponto: a soberania do Estado é uma realidade jurídica, um ente de razão, produto de um contrato; porém, aquele que detém a soberania dispõe de um poder de fato do qual faz uso para governar os homens e determinar efetivamente suas vontades e comportamentos; ora, o uso desse poder — eis a questão crucial para a qual a crítica de Rousseau aponta —, na medida em que é um poder físico, não deve poder ser controlado do ponto de vista do direito, a fim de que possa ser legítimo e não um simples e puro poder, um emprego bruto da força? Todo o problema consiste em que, para Hobbes, de um ponto de vista estritamente jurídico, não há qualquer restrição ao modo como o soberano emprega o seu poder. Isto não faria dele um simples poder, à margem ou acima de qualquer processo de legitimação? Vejamos.

O Estado e o governo

Uma novidade importante trazida por Hobbes no campo do pensamento político é a diferença entre o conceito de Estado e o de governo. Quando Maquiavel escreve ao príncipe a fim de orientá-lo na arte de governar, sobre como proceder no sentido de assegurar o seu domínio sobre os homens, ele pressupõe a identidade entre o governo do príncipe — sua capacidade de se fazer obedecer — e o seu *stato* — o seu domínio sobre os homens e sobre as coisas que governa. É na medida em que governa bem que o príncipe assegura seu *stato* ou domínio. Ou, em outros termos: o *stato* se funda sobre a capacidade de governo do príncipe.

Para Hobbes, contudo, Estado e governo são coisas bastante distintas. Tanto é assim que a discussão recorrente e central no seio da tradição do pensamento político acerca da melhor forma de governo — se a monarquia, a aristocracia ou a democracia, segundo as distinções aristotélicas

— torna-se secundária para Hobbes. O Estado é o mesmo, independentemente das formas de governo. Ele se define pela soberania de seu poder fundado num contrato e legitimado juridicamente. O modo como esta soberania se exerce é outra questão, uma questão que não diz mais respeito à forma jurídica do Estado, pensada a partir do contrato que o institui, mas ao exercício da soberania, pensada segundo as circunstâncias que podem impedir ou contribuir para sua manutenção. Ou seja, uma coisa é conceber a soberania do Estado segundo as qualidades jurídicas que a definem; outra coisa é concebê-la segundo as qualidades de seu exercício; uma coisa é o Estado, outra o governo.

As qualidades jurídicas da soberania, suas faculdades e direitos, derivam imediatamente e *a priori* do contrato que a engendra. Esse contrato é apresentado por Hobbes, no *Leviatã*, não como uma simples promessa de obediência, como nas obras anteriores, *Do cidadão* e *Elementos da lei*, mas como um contrato de *autorização* por meio do qual os homens autorizam um homem ou assembléia de homens (tanto faz, pois a forma de governo não está aqui em questão) a *representar* com seus atos e palavras a pessoa de todos eles. É sob a forma da representação que Hobbes pensa a partir do *Leviatã* a obediência: se devo obediência ao Estado é porque, por meio de um contrato, estabeleci que reconheceria todas as suas ações como minhas. E se devo reconhecer *todas* as suas ações como minhas é porque esta é a única forma de dotar o Estado de um poder soberano, um poder que esteja acima de todas as controvérsias acerca de seu emprego. Pois, onde há lugar para controvérsias, há lugar para a oposição de poderes e, conseqüentemente, nenhum poder será capaz de se colocar acima das disputas de poder, servindo de fiador último e incontestável de nossas relações jurídicas.

Do ponto de vista de sua forma jurídica, todo e qualquer ato da soberania, sendo esta absoluta, se justifica em função de ter sido previamente autorizado; mas do ponto de vista do exercício daqueles direitos sem os quais a soberania não poderia se estabelecer como absoluta (tais como o direito de ser juiz das opiniões, de estabelecer as regras de propriedade, de decidir acerca das controvérsias judiciais, de decidir sobre a guerra e a paz, de recompensar e punir), coloca-se a questão de saber qual é a melhor forma de empregá-los. Por exemplo, cabe ao soberano estabelecer as regras da propriedade, o que ele está autorizado a fazer do modo como quiser. Se o fizer de maneira iníqua, favorecendo expressamente a alguns em detrimento dos outros, juridicamente sua ação permanece incontestável. No entanto, é possível dizer que ao agir dessa maneira o soberano exerce mal os seus direitos, governa mal, dando margem à desobediência civil. Toda desobediência é injusta, pois caracteriza a quebra do contrato de instituição da soberania. Mas ela pode ser um fato, e, se o soberano a incentivar, estará promovendo as sementes da dissolução material do Estado.

Assim, é possível dizer que a questão do bom governo, embora dissociada da questão da instituição do Estado, é uma questão fundamental no hobbesianismo. Não é o bom governo que funda o Estado em sua realidade jurídica. Mas do bom governo — que não é outra coisa senão o governo em acordo com as leis de natureza, ali onde elas indicam o caminho da paz em vista da qual a soberania foi instituída — depende a conservação da realidade material de um Estado particular. E se o Estado se constitui juridicamente como um poder absoluto que pode se exercer de maneira incontestável, o fato é que há, apesar disso, uma diferença entre o bom e o mau governo, entre o bom e o mau emprego desse poder. O bom governo é aquele que se exerce de modo a promover a obediência civil, de modo a convencer os homens da importância e das vantagens de aderirem ao plano jurídico das relações civis. O mau governo é aquele que semeia a desobediência, propiciando que os homens empreguem seus poderes individuais de fato, ainda que injustamente, contra o Estado.

Assim, retomando o problema que levantamos acerca do emprego legítimo que o Estado faz de seu poder, é preciso distinguir dois níveis em que a questão da legitimidade se coloca. Do ponto de vista da forma jurídica da soberania, todo e qualquer uso que ele fizer de seu poder é legítimo, na medida em que foi previamente autorizado e que, sem essa autorização incondicional, o Estado não poderia se constituir como um poder soberano, postado acima das controvérsias e da dinâmica de disputa de nossos poderes naturais, cujo horizonte último é a guerra de todos contra todos. Mas do ponto de vista do exercício da soberania em função da finalidade para a qual foi instituída (a paz), isto é, do ponto de vista do governo, são justificadas apenas aquelas ações que contribuem para a paz e fomentam a obediência civil.

O governo, contudo, não é algo que possa sofrer uma limitação jurídica. Como nos dirá Hobbes, o soberano não tem propriamente obrigações — e por isso é absoluto — a não ser diante das leis de natureza. O soberano só tem propriamente um compromisso de ordem moral. Ele deve ser virtuoso, ou seja, significar coerentemente com suas ações e palavras uma vontade de paz, a qual representa. Hobbes entende, contudo, que o soberano estará determinado a fazê-lo, visto ser isso o que sustenta sua soberania, ainda que os homens possam discordar de seu governo, neste ou naquele particular. O que, aliás, nunca deixarão de fazer, razão pela qual — se quiserem escapar às controvérsias infindáveis, cuja decisão, no limite, dependerá do uso da força — devem obediência ao Estado.

Conclusão

O poder do Estado não é, como pudemos observar, uma simples força coercitiva de nossas paixões desregradas. Ele é, sem dúvida, um poder coercitivo, mas um poder fundado juridicamente e cujo emprego tem por finalidade nos retirar do plano das relações de puro poder e força, introduzindo-nos num campo de relações jurídicas e racionais. Ele visa, sem dúvida, regrar nossas paixões, mas não simplesmente de maneira a limitá-las e coibi-las pela força, como se ao Estado não coubesse nenhuma função moral, como se a coerção que ele exerce não tivesse nenhum finalidade moral a cumprir.

O Estado transforma o homem em cidadão. Ele introduz moralidade e racionalidade em nossas relações, impondo vínculos de obrigação permanentes entre os homens e permitindo a eles que não se comportem simplesmente como suas paixões atuais os impelem a agir, mas que calculem suas condutas a partir do modo como exprimem aos outros suas vontades e paixões. Este comportamento calculável é um comportamento virtuoso e racional, num duplo sentido. Ele é a melhor forma de garantir as condições de existência dos indivíduos, os quais, desse modo, se vêem interessados na fundação do sistema de relações jurídicas que compõem o Estado. Mas é também o correspondente moral de todo cálculo racional, que se estabelece ainda em outros planos: na lógica, nas matemáticas, nas ciências naturais.

Em todos estes planos, a razão engaja os indivíduos num compromisso recíproco com as condições de significação de seu discurso, quando, na forma de uma linguagem bem construída, ela nos retira do mundo privado de nossa imaginação e de nossas motivações particulares para nos introduzir num mundo público e comum, cuja pedra angular são as definições partilhadas e as conseqüências que todos aqueles que partem das mesmas definições podem deduzir em conjunto. A razão, ou a linguagem quando bem empregada, cria entre nós um mundo estável e comum em todos os níveis aos quais se aplica. E é exatamente isso o que ela faz ao se apresentar como ferramenta da instituição e do governo do Estado.

Seleção de textos

Da filosofia

7. Podemos compreender perfeitamente qual seja a utilidade da filosofia, especialmente da física e da geometria, se enumerarmos as principais comodidades que a humanidade pôde conquistar e se compararmos o modo de vida daqueles que as desfrutam e daqueles que delas carecem. ... A utilidade da filosofia moral e civil é melhor apreciada, porém, não tanto pelas comodidades de que dispomos ao conhecer tais ciências, mas pelas calamidades que nos ocorrem quando as desconhecemos. Tais calamidades, que podem ser evitadas pela indústria humana, provêm da guerra, mais propriamente da guerra civil; dela procedem a morte violenta, a solidão, a miséria. A causa da guerra não está, porém, em que os homens a queiram, pois a vontade é sempre vontade de um bem ou pelo menos do que parece um bem, mas em que os homens desconhecem seus males. Pois quem não percebe que a pobreza e a morte violenta são males? A causa da guerra civil reside, portanto, no desconhecimento das causas da guerra e da paz, poucos sendo aqueles que aprenderam os deveres que unem e mantêm os homens em paz, isto é, que aprenderam as regras da vida civil. O conhecimento destas regras consiste na filosofia moral.

Mas por qual razão os homens não as aprenderam senão porque não lhes foram ensinadas a partir de um método claro e exato? Mas, quê? Os antigos mestres da Grécia, Egito, Roma e outros puderam persuadir a multidão inculta acerca de suas inúmeras opiniões sobre a natureza de seus deuses, as quais eles próprios não sabiam se eram verdadeiras, e que, de fato, eram manifestamente falsas e absurdas; não poderiam ter persuadido a mesma multidão acerca de seus deveres, se eles próprios os conhecessem? Ou os poucos escritos existentes em geometria puderam abolir toda controvérsia acerca dos assuntos de que tratam e os inúmeros e vastos volumes de ética não o poderiam, se seus conteúdos fossem certos e bem demonstrados? Qual a causa de que os primeiros escritos exponham uma ciência, enquanto os segundos são por assim dizer apenas verbo, senão que os primeiros foram escritos por quem sabia e os segundos por quem ignorava a doutrina em que se exercia, a qual, no entanto, procurava aparentar saber para ostentar eloqüência e engenhosidade? Não nego que a leitura de alguns desses livros seja extremamente prazerosa; eles são bastante eloqüentes, contêm muitas sentenças elegantes e vigorosas, pouco vulgares, as quais, no entanto, são pronunciadas de forma universal, embora não sejam universalmente verdadeiras; daí que, alteradas as circunstâncias de tempo, lugar e pessoa, não sirvam menos freqüentemente para confirmar algum propósito vil do que para mostrar os preceitos dos deveres civis. O que fundamentalmente falta a eles é uma regra certa de nossas ações a partir da qual possamos saber se somos justos ou injustos naquilo que fazemos. Pois é inútil ser convidado a fazer o certo em todas as coisas antes que sejam estabelecidas uma regra e uma medida do certo, o que ninguém estabeleceu até o momento. Visto então que, da ignorância dos deveres, isto é, da filosofia moral, seguem-se a guerra civil e as maiores calamidades, podemos atribuir ao seu conhecimento o mérito das comodidades contrárias. Vimos assim, para não dizer nada acerca de outras felicidades e prazeres que se seguem da filosofia, qual é a sua utilidade. ...

Do corpo, parte I, cap.1

Dos nomes

1. Sendo os pensamentos dos homens tão inconstantes e evanescentes e sua lembrança de tal modo dependente do acaso que nada pode ser considerado certo com base apenas na experiência. Ninguém pode se lembrar das quantidades sem uma medida presente e sensível, das cores sem um padrão presente e sensível, nem dos números sem os nomes dos numerais dispostos em ordem e aprendidos de cor. Assim, seja o que um homem tenha reunido em sua mente através do raciocínio sem tais auxílios evadir-se-á e não poderá ser lembrado sem que se recomece tudo novamente. Disso se segue que para a aquisição da filosofia se fazem necessários alguns monumentos sensíveis aos quais nossos pensamentos passados possam ser reduzidos e pelos quais sua ordem possa ser registrada. Tais monumentos eu os denomino *marcas*, a saber, *coisas sensíveis escolhidas ao nosso arbítrio, cuja*

percepção possa evocar pensamentos similares àqueles em vista dos quais foram escolhidas.

2. Mas quem não vê que um homem, quão excelente seja seu engenho, e ainda que empregue todo seu tempo, uma parte raciocinando, outra parte inventando marcas em auxílio de sua memória e aprimorando seu saber, não retirará disso grande proveito, e os outros proveito algum? Pois, a menos que comunique as marcas que inventou aos outros, sua ciência perecerá com ele. Porém, se estes monumentos ou marcas forem comuns a muitos, de modo que as invenções de um sejam transmitidas aos outros, a ciência pode se desenvolver para o bem geral da humanidade. É portanto necessário à aquisição da filosofia que existam certos signos pelos quais o que foi pensado por um homem possa ser revelado e demonstrado aos outros. Denominamos *signos o antecedente de um conseqüente e o conseqüente de um antecedente, tão logo tenhamos observado que ordinariamente um precede ou procede do outro de maneira similar*. Por exemplo, um nuvem densa é signo da chuva por vir, e a chuva signo da nuvem que a antecedeu, pela simples razão de que raramente observamos uma nuvem densa sem a chuva conseqüente e nunca vemos a chuva sem a nuvem antecedente. Além disso, dentre os signos, alguns são naturais, dos quais acabamos de dar um exemplo, outros são arbitrários, escolhidos segundo a nossa vontade, como uma hera suspensa significando que ali se vende vinho, uma pedra significando o limite de um terreno ou as palavras conectadas de certo modo significando os pensamentos e movimentos de nossa mente. A diferença, portanto, entre a marca e o signo con-

siste em que a primeira é instituída para nós, a segunda para os outros.

3. As palavras conectadas de modo a se tornarem signos de nossas concepções são chamadas *oração*, e suas partes singulares *nomes*. Como dissemos, tanto as *marcas* quanto os *signos* são necessários à filosofia (as *marcas* para recordar, os *signos* para demonstrar nossos pensamentos). Os nomes desempenham esses dois papéis, mas são *marcas* antes de ser *signos*, pois ainda que um homem esteja sozinho no mundo, eles servem à sua memória, mas não servem à demonstração, a não ser que haja alguém a quem demonstrar. Além disso, os nomes por si sós são marcas, pois sozinhos evocam pensamentos, mas não são propriamente signos senão quando dispostos numa oração como partes da mesma. Por exemplo, a palavra latina *homo* (homem) excita na mente de quem a ouve a idéia de um homem, todavia, não pode significar (a menos que se acrescente *é um animal* ou algo equivalente) que alguma idéia está presente na mente de quem a pronuncia, mas simplesmente que ele quer dizer alguma coisa que pode começar pela palavra *homo* como também pela palavra *homogeneum* (homogêneo). A natureza dos nomes consiste em serem eles primeiramente marcas escolhidas em proveito da memória, as quais ocorre servir para significar e demonstrar aquelas coisas das quais nos lembramos. Assim, os definimos do seguinte modo:

4. *Um nome é uma palavra escolhida ao arbítrio dos homens como marcas que podem fazer surgir na mente pensamentos*

similares aos pensamentos passados e que, quando dispostas numa oração e pronunciadas aos outros, podem ser signos dos pensamentos que os precederam ou não na mente de quem os profere. ...

5. Visto que os nomes, dispostos numa oração, tal como o definimos, são signos de nossas concepções, é manifesto que não são signos das coisas mesmas. Em que sentido se pode entender que o som da palavra pedra é o signo de uma pedra senão que aquele que a ouve compreende que quem a pronuncia pensa numa pedra? Assim, aquelas disputas sobre se os nomes significam a matéria, a forma ou um composto de ambas, e outras sutilezas dos metafísicos, são desnecessárias, não sendo compreensíveis as palavras pelas quais se disputam.

6. Nem é necessário que todo nome seja o nome de alguma coisa. Pois, assim como as palavras homem, árvore, pedra são nomes das coisas mesmas, também as imagens dos homens, árvores e pedras que nos ocorrem nos sonhos têm os seus nomes, embora não sejam coisas, mas ficções ou fantasmas das coisas. Dado que podemos lembrá-las, é necessário que tenham nomes que as marquem e as signifiquem tanto quanto as coisas mesmas. Também o nome *futuro* é um nome, ainda que nenhum futuro tenha ainda sido e que não saibamos se aquilo que chamamos futuro jamais será. No entanto, como usamos ligar no pensamento o passado ao presente, com o nome *futuro* significamos este elo. Além disso, aquilo que não é, não foi, não será e jamais

poderá ser, tem um nome, a saber, *aquilo que não é, não foi etc.*, ou, brevemente, o *impossível*. Por fim, a palavra *nada* é um nome, embora não possa ser o nome de nenhuma coisa. Pois, quando, por exemplo, subtraímos 2 e 3 de 5 e percebemos que nada resta, caso queiramos nos recordar desta subtração, a oração *nada resta*, e no interior dela o nome *nada*, não é inútil. Pela mesma razão dizemos corretamente que *menos que nada resta* quando subtraímos mais de menos, pois a mente representa deste modo este resíduo para fins doutrinais e quando deseja, se necessário, trazê-lo a memória. Mas visto que todo nome guarda uma relação com aquilo de que é nome, e ainda que o nomeado não seja sempre uma coisa existente na natureza, cabe, para fins doutrinais, dizer que tudo o que é nomeado é uma *coisa*, como se não houvesse diferença entre esta coisa existir verdadeiramente ou ser apenas representada. ...

Do corpo, parte I, cap.2

Da proposição

1. Da conexão e composição dos nomes originam-se diversas espécies de oração, das quais algumas significam os desejos e afetos dos homens, tais como as *interrogações* que significam o desejo de saber, como *Quem é um homem bom?*, na qual um nome é afirmado e o outro se deseja ou se espera saber daquele a quem interrogamos; os *pedidos*, que significam o desejo de ter alguma coisa; as *promessas*, *ameaças*, *escolhas*, *ordens*, *lamentos*, e outras expressões de outros afetos. A oração pode também ser absurda e insignificante, quando à série de nomes nenhuma série de conceitos cor-

responde na mente. Isso ocorre freqüentemente com aqueles que, nada compreendendo sobre algum assunto sutil, querem aparentar que compreendem, proferindo palavras de modo incoerente. De fato, a conexão de palavras incoerentes, embora não atinja a finalidade da oração (que consiste na significação), é ainda uma oração, empregada entre os escritores metafísicos não menos freqüentemente que as orações significativas. Em filosofia, há apenas uma espécie de oração, que alguns denominam em latim *dictum*, outros *enunciado* e *pronunciamento*, mas que a maioria denomina *proposição*, e que consiste na oração que afirma ou nega e indica verdade ou falsidade.

2. *Uma proposição é uma oração constando de dois nomes copulados, significando que quem a profere concebe que o último nome é nome da mesma coisa de que o primeiro é nome*, ou (o que é o mesmo) que o primeiro nome é compreendido pelo último. Por exemplo, a oração *o homem é um animal*, na qual dois nomes são copulados pelo verbo *é*, é uma proposição, pois quem a profere significa que supõe que o último nome *animal* é nome da mesma coisa que o nome *homem*, ou que o primeiro nome *homem* é compreendido pelo último nome *animal*.

O primeiro nome é normalmente denominado *sujeito*, ou *antecedente*, ou, em latim, *contentum*, e o segundo *predicado*, ou *conseqüente*, ou, em latim, *continens*. O signo da conexão em muitas nações ou é alguma palavra tal como a palavra *é*, na proposição *o homem é um animal*, ou algum caso ou terminação da palavra, como na proposição *o ho-*

mem anda (que equivale a *o homem está andando*); a terminação pela qual se diz *anda* em preferência a *andando* é signo de que se concebe os nomes como copulados ou como nomes de uma mesma coisa. ...

3. Assim, em toda *proposição* três coisas devem ser consideradas, a saber, os dois nomes, o *sujeito* e o *predicado*, e a *cópula*. Os dois nomes trazem à mente o pensamento de uma e a mesma coisa. A cópula, no entanto, induz a pensar acerca da causa de estes nomes serem impostos à mesma coisa, como, por exemplo, quando dizemos *o corpo é móbil*, embora pensemos numa mesma coisa designada pelos nomes, nossa mente não pára aí, perguntando-se ainda o que é *ser corpo* ou *ser móbil*, isto é, no que consiste a diferença entre esta e as outras coisas, tal que esta seja assim denominada e as outras não. Assim, quem se pergunta o que é *ser algo*, como *ser móbil*, *ser quente* etc., procura nas coisas a causa de seus nomes.

Disso nasce a distinção entre os nomes *concretos* e *abstratos* (mencionada no capítulo precedente). Um nome concreto é o nome de alguma coisa a qual supomos existir e que, em virtude disso, é denominada em latim *suppositum* ou *sujeito*, em grego, upokemenon. Por exemplo: *corpo*, *móbil*, *movido*, *figurado*, *mensurável*, *quente*, *frio*, *similar*, *igual*, *Cláudio*, *Fonseca*, e similares. Um nome *abstrato* é aquele que denota, na coisa que se supõe existir, a causa dos nomes concretos, como *ser corpo*, *ser móbil*, *ser movido*, *ser figurado*, *ter tal medida*, *ser quente*, *ser frio*, *ser Cláudio* ou *Fonseca*, e similares. Ou nomes equivalentes a estes, mais usualmente chamados abstratos, como *corporeidade*, *mobilidade*, *movimento*, *quantidade*, *calor*, *frio*, *similitude*, *igualdade*, ou (como diz Cícero) "*Claudidade*", "*Fonsequidade*". Do mesmo gênero são ainda os infinitivos, pois *viver* e *mover* é o mesmo que *vida* e *movimento* ou *ser vivo* e *ser movido*. Os nomes abstratos, contudo, denotam a causa dos nomes concretos e não as coisas mesmas. Por exemplo, quando vemos algo ou concebemos em nossa mente algo visível, esta coisa nos aparece ou é concebida não em um ponto, mas como tendo partes distantes uma das outras, isto é, como sendo extensa e preenchendo um espaço; visto que quisemos chamar *corpo* à coisa assim concebida, a causa deste nome é *ser uma coisa extensa* ou a *extensão* ou *corporeidade*. Assim, quando algo é visto ora aqui ora ali, sendo denominado *movido* ou *transposto*, a causa destes nomes é ser a coisa *movida*, ou o *movimento* da mesma.

As causas desses nomes são as mesmas que as de nossas concepções, a saber, algum poder, ação ou disposição da coisa concebida, que alguns dizem ser os seus *modos*, mas que a maioria denomina *acidentes*. Digo acidente não no sentido em que se opõe ao acidente o *necessário*, mas no sentido daquilo que, não sendo as coisas mesmas, nem partes das coisas, acompanha as coisas de tal maneira que (exceto a extensão) pode perecer e ser destruído, não podendo ser abstraído.

4. Entre os nomes *concretos* e *abstratos* há ainda esta diferença: os primeiros, pelos quais a proposição é composta, lhes são anteriores, os segundos posteriores (pois

não podem existir onde não houver proposição, de cuja cópula procedem). Ora, em todos os assuntos que concernem à vida e em especial na filosofia, há um grande uso e abuso dos nomes abstratos. O uso consiste em que sem eles não podemos em geral raciocinar, isto é, computar as diversas propriedades dos corpos, pois quando queremos multiplicar, dividir, somar ou subtrair calor, luz, velocidade, se os duplicarmos ou somarmos a partir dos nomes concretos, dizendo, por exemplo, o quente é o dobro do quente, o luzente o dobro do luzente, ou o movido o dobro do movido, não estaríamos dobrando as propriedades, mas os corpos mesmos, que são quentes, luzentes e movidos, o que não queremos. Mas o abuso consiste em que alguns homens, percebendo que podem considerar, isto é, levar em conta, como dissemos anteriormente, o aumento e a diminuição da quantidade, do calor e outros acidentes, sem considerar o seu corpo ou sujeito (o que se denomina *abstrair* ou fazer existir separadamente deles), falam dos acidentes como se pudessem ser separados de todo corpo. E disto procedem os grandes erros dos metafísicos, os quais, porque podem considerar o pensamento sem considerar o corpo, querem inferir não ser necessário haver um corpo que pensa, e porque a quantidade pode ser considerada sem que um corpo seja considerado, crêem haver quantidade sem corpo e corpo sem quantidade, e que um corpo tem quantidade precisamente devido à adição da quantidade a ele. Desta fonte nascem aquelas palavras insignificantes, tais como *substância abstrata*, *essência separada* e outras similares, e também aquela confusão de palavras derivadas do verbo ser, como *essência*, *essencialidade*, *entidade* e *realidade*, *qüididade*, que não podem ser ouvidas entre as nações que não copulam seus nomes pelo verbo ser, mas por verbos adjetivados como *corre*, *lê* etc. ou pela mera colocação dos nomes uns após os outros; visto que estas nações podem filosofar e calcular, a filosofia não tem necessidade das palavras *essência*, *entidade* e outras barbaridades. ...

7. Uma proposição verdadeira é aquela cujo predicado contém em si o sujeito ou cujo predicado é o nome da mesma coisa de que o sujeito é nome. Assim, a proposição *o homem é um animal* é verdadeira porque tudo aquilo a que se denomina *homem* é igualmente denominado *animal*; e a proposição *alguns homens são doentes* é verdadeira porque *doente* é o nome de alguns homens. As proposições não verdadeiras ou aquelas cujo predicado não contém o sujeito são chamadas falsas, como *o homem é uma rocha*.

Ora, as palavras *verdadeiro*, *verdade* e *proposição verdadeira* se equivalem. Pois a verdade consiste no que é dito, não nas coisas sobre as quais se diz algo, e embora por vezes se oponha *verdade* ao *aparente* ou *fingido*, ainda assim a verdade sempre se refere à proposição. Se negamos que a imagem de um homem no espelho ou que um espectro seja um verdadeiro homem é porque a proposição *um espectro é um homem* não é verdadeira, não se podendo negar que um espectro seja um verdadeiro espectro. Portanto, a verdade não é uma disposição das coisas, mas da proposição. Quanto ao que dizem os metafísicos, que *um ente* e *um ente verdadeiro* são o mesmo, trata-se de algo trivial e elementar, pois quem não sabe que *homem*, *um homem* e *um homem verdadeiro* têm o mesmo sentido?

8. Compreende-se que verdade e falsidade não têm lugar entre os animais que não falam e não empregam orações. Pois, embora alguns animais desprovidos de linguagem possam ser afetados pela imagem de um homem no espelho como se fosse um homem mesmo e por esta razão o temam ou o festejem em vão, nem por isso o apreendem como verdadeiro ou falso, mas como similar, no que não se enganam. Deste modo, assim como os homens devem o reto raciocínio à boa compreensão das orações, seus erros se devem igualmente à má compreensão das mesmas, e assim, cabe ao homem tanto as honras da filosofia como a vergonha das opiniões absurdas. Pois as orações (como se dizia outrora das leis de Sólon) têm em si algo de similar às teias de aranha: elas retêm e enlaçam nas palavras ditos engenhosos finos e altivos, rompendo-se, contudo, com os muito robustos.

Disso pode-se ainda deduzir que as primeiras verdades tiveram origem no arbítrio daqueles que primeiro impuseram nomes às coisas ou aceitaram os nomes impostos pelos outros. Pois, é verdade, por exemplo, que *o homem é um animal* porque agradou a alguém impor ambos os nomes à mesma coisa.

Do corpo, parte I, cap.3.

Cronologia da vida e época

1588 Nasce Hobbes. Os ingleses derrotam a "invencível armada" espanhola.

1596 Nasce Descartes.

1600 Execução de Giordano Bruno

1603 Morre Elizabeth I, com o que se encerra na Inglaterra o reinado da dinastia Tudor. Jaime I, que a sucede ao trono, inicia a dinastia dos Stuart.

1610 Luís XIII sucede Henrique IV no trono francês.

1618 Tem início a Guerra dos Trinta Anos.

1625 Na Inglaterra, morre Jaime I, sucedido no trono por seu filho Carlos I.

1626 Morre Francis Bacon.

1633 Galileu é condenado pela Inquisição.

1640 Hobbes escreve os *Elementos da lei* e se exila na França.

1641 Descartes publica as *Meditações metafísicas*, com as *Objeções* de Hobbes.

1642 Início da guerra civil na Inglaterra. Publicação de *Do cidadão*, em Paris. Morte de Galileu e nascimento de Newton.

1647 Na Inglaterra os realistas são derrotados e Carlos I é preso.

1648 Fim da Guerra dos Trinta Anos.

1649 Carlos I é executado. Proclama-se a República na Inglaterra.

1650 Morre Descartes.

1651 Publicação do *Leviatã*.

1652 Retorno de Hobbes à Inglaterra.

1653 Oliver Cromwell é feito *Lord Protector* da Inglaterra.

1655 Publicação do *De corpore* (*Do corpo*).

1658 Publicação do *De homine* (*Do homem*).

1660 Restauração da monarquia na Inglaterra: Carlos II torna-se rei.

1679 Morte de Hobbes.

Referências e fontes

• A tradução dos extratos do *De corpore* foi feita a partir do texto latino (in: *Thomas Hobbes Opera Philosophica quae Latine Script*, Londres, W. Molesworth, 1839-45, reimpr. 1966, vol.I) e de sua versão inglesa (in: *The English Works of Thomas Hobbes*, Londres, W. Molesworth, Londres, 1839-45, reimpr. 1966, vol.I).

• De um modo geral, a fonte de nossa própria exposição é o *Leviatã*, suas referências sendo facilmente encontráveis nos capítulos correspondentes aos assuntos de que estamos tratando. Duas referências ao *Leviatã*, no entanto, são menos óbvias e cabem ser mencionadas:

• à página 20, sobre o modo como se pode conhecer as paixões dos homens, nossa referência é a introdução ao *Leviatã*;

• à página 23, sobre o modo como o valor atribuído a um homem se reverte em poder, nossa referência é o capítulo X do *Leviatã*.

• Seguem-se as referências relativas aos outros autores citados:

• A expressão de Bacon à qual fizemos menção na página 45 pode ser encontrada, dentre outras passagens, em:

Francis Bacon, "Advancement of learning", in: (Brien Vickers org.) *The Oxford Authors, Francis Bacon*, Oxford University Press, 1996, p.266. Sobre a definição da virtude como "boa aparência", ela pode ser verificada no livro de Baltazar Castiglione, *O cortesão*, São Paulo, Martins Fontes, 1997.

• Sobre a definição de Espinosa do direito natural à qual nos referimos à página 49, veja-se o capítulo II do *Tratado político* de Espinosa, disponível na coleção Os Pensadores, Abril Cultural.

• Sobre a crítica de Rousseau ao modo hobbesiano de se conceber as relações entre direito e poder, mencionada às páginas 51-2, veja-se o livro I do *Contrato social*, também disponível na coleção Os Pensadores, Abril Cultural.

Leituras recomendadas

O livro que se presta como a melhor porta de entrada na filosofia de Hobbes, e que constituiu a principal fonte desta exposição introdutória, é sem dúvida o *Leviatã*, a última e mais bem acabada versão da teoria política de Hobbes. Dispomos de uma tradução brasileira do *Leviatã*, feita por João Paulo Monteiro e Maria Beatriz N. da Silva, numa edição bastante acessível da Abril Cultural, no volume dedicado a Hobbes da coleção Os Pensadores.

Dispomos ainda de duas traduções brasileiras de *Do cidadão*, uma feita por Ingeborg Soler a partir do original latino (Petrópolis, Vozes, 1993), e outra feita por Renato Janine Ribeiro a partir da versão inglesa (São Paulo, Martins Fontes, 1998). Do livro a que nos referimos como *Elementos da lei*, há disponível uma tradução portuguesa de Fernando Couto com o título *Elementos do direito natural e político* (Porto, Res, Portugal). Duas novas traduções da obra de Hobbes acabam de sair: uma tradução do *Behemoth* feita por Eunice Ostrensky (Belo Horizonte, Editora da UFMG, 2001) e uma tradução do livro a que nos referimos como *Um diálogo entre um filósofo e um estudioso da Common Law*, com o título *Um diálogo entre um filósofo e um jurista*, feita por Maria Cristina Guimarães Cupertino (São Paulo, Landy, 2001). E isso é tudo, salvo engano, de que dispomos de

Hobbes em nossa língua. Infelizmente, não temos disponível em português nada além das obras políticas de Hobbes, que, nem de longe, podem dar uma idéia da extensão de seu pensamento, composto ainda por uma lógica e por uma física bastante relevantes.

Quanto aos comentários da obra de Hobbes disponíveis em português (e aqui, novamente, a tônica recai sobre a política), podemos citar os dois livros de Renato Janine Ribeiro: *A marca do Leviatã* (São Paulo, Ática, 1984) e *Ao leitor sem medo* (Belo Horizonte, Editora da UFMG, 1999). Ambos os livros oferecem uma boa visão dos princípios da teoria política de Hobbes, sendo que o segundo tem ainda o mérito de pensá-la na história, isto é, a partir das diversas posições que historicamente se ofereceram como o pano de fundo polêmico da elaboração da política hobbesiana. Há, além disso, uma tradução do livro de C.B. Macpherson, *A teoria política do individualismo possessivo* (Rio de Janeiro, Paz e Terra, 1979), que tem um capítulo dedicado a Hobbes, ao qual nos referimos na introdução deste livro; uma tradução de um livro introdutório de Norberto Bobbio, *Thomas Hobbes* (Rio de Janeiro, Campus, 1991); e uma tradução de um livro relativamente recente de Quentin Skinner, *Razão e retórica na filosofia de Hobbes* (São Paulo, Unesp, 1997), que discute o legado da tradição retórica da construção do estilo argumentativo do *Leviatã*.

Sobre a autora

MARIA ISABEL LIMONGI é professora no departamento de filosofia da Universidade Federal do Paraná, tendo se graduado em filosofia e defendido seu mestrado e doutorado (este último, sobre Hobbes) na Universidade de São Paulo (USP).

Coleção **PASSO-A-PASSO**

Volumes recentes:

CIÊNCIAS SOCIAIS PASSO-A-PASSO

O negócio do social [40], Joana Angélica Barbosa Garcia

Origens da linguagem [41], Bruna Franchetto e Yonne Leite

Antropologia da criança [57], Clarice Cohn

Patrimônio histórico e cultural [66], Pedro Paulo Funari e Sandra de Cássia Araújo Pelegrini

Antropologia e imagem [68], Andréa Barbosa e Edgar T. da Cunha

Antropologia da política [79], Karina Kuschnir

Sociabilidade urbana [80], Heitor Frúgoli Jr.

Pesquisando em arquivos [82], Celso Castro

Cinema, televisão e história [86], Mônica Almeida Kornis

FILOSOFIA PASSO-A-PASSO

Estética [63], Kathrin H. Rosenfield

Filosofia da natureza [67], Márcia Gonçalves

Hume [69], Leonardo S. Porto

Hannah Arendt [73], Adriano Correia

Schelling [74], Leonardo Alves Vieira

Niilismo [77], Rossano Pecoraro

Kierkegaard [78], Jorge Miranda de Almeida e Alvaro L.M. Valls

Filosofia da biologia [81], Karla Chediak

Ontologia [83], Susana de Castro

John Stuart Mill & a liberdade [84], Mauro Cardoso Simões

Filosofia da história [88], Rossano Pecoraro

Teoria do conhecimento [91], Alberto Oliva

PSICANÁLISE PASSO-A-PASSO

Psicanálise com crianças [75], Teresinha Costa

Feminino/masculino [76], Maria Cristina Poli

Cinema, imagem e psicanálise [85], Tania Rivera

Trauma [87], Ana Maria Rudge

Édipo [89], Teresinha Costa

A psicose [90], Andréa M.C. Guerra

A angústia [92], Sonia Leite

Educação e psicanálise [93], Rinaldo Voltolini

Os outros em Lacan [94], Antonio Quinet

A paixão [95], Marcus André Vieira

Histeria: o caso Dora [96], Nadiá Paulo Ferreira e Marcus Alexandre Motta